解讀政策評估：
領導者的決策心法

江明修、曾冠球 ◎著

五南圖書出版公司 印行

研究方法
系列

序

　　在AI即將襲捲未來的年代，決策者面對世界的鉅變與紛擾，雖然有「大數據」與「厚數據」（thick data）的協助，仍然時刻感到「決策恐慌症候群」，無力於在諸多客觀的政策選項中，做出「正確」或「適當」的決策，所以需要「決策架構」（即心法）的襄助，本書即是為領導者面臨「決策困境」的解套之作。具體而言，本書乃提供給從事政策或方案評估實務與學術工作者閱讀的專書。

　　本書嘗試從不同的角度介紹評估，確切地說，就是從事政策或方案評估背後涉及的龐大知識體系，包括評估典範、理論、途徑與方法。對有興趣的讀者而言，本書除了引介一些實用的評估方法外，更重要的是，帶入了一些評估方法論和多元評估觀點的闡述，而其宗旨無非是在評估這個傳統公共政策課題上，協助讀者建立更為系統而完整的知識架構。

　　評估是對一項政策、方案、服務或活動結果的系統性評價，運用科學程序，就特定行動產生特定結果的方式和程度，累積可靠和有效的證據。這背後蘊含著不同的認識論典範、評估理論、途徑和方法。對照而言，近年來，包括臺灣在內許多國家的政策話語，明顯地轉向所謂的「循證政策」（evidence-based policy）。這項知識倡議主張「證據」，應建立在自然科學的理性基礎上，聽起來其實十分有道理。對循證政策之追求，無非是基於這樣一個前提：政策決策應更好地以現有證據為依據，並應包括理性分析（如調查法、成本效益分析、實驗法），此乃基於系統證據的政策被認為會產生更好的結果。簡單地說，這股循證政策的熱潮，力求促進對政策和方案選擇

的嚴格分析，以提高決策品質，從而改善政府機關的問題解決或服務提供之能力。

在此脈絡底下，支持者遂提倡在社會科學中產生證據的科學方法，俾使決策過程更為現代化。弔詭的是，學界卻出現了另一種聲音：社會科學中的這種技術／工具方法，真的能夠建立適當的知識以改進政府的決策作為嗎？對本書而言，這背後其實存在著一些固有的方法論和認識論問題，也就是說，循證評估面臨著理解社會世界的難題與挑戰。因此，批評者警告說，「什麼是有效的」證據概念泰半是短視的，蓋其對「證據」的定義是科學的和機械的，操作上是選擇過的（如方便實證的）；從社會科學的角度來看，這恐怕太過狹隘！不僅如此，循證政策之深切期望，與現實政治決策世界中典型的理性過程之實際局限性，兩者之間形成強烈對比：無庸贅言，後者之特點是庸俗的、討價還價的，以及多元利害關係人價值觀和利益的相互作用。是以，循證評估漠視了其他具有正當性的利害關係人之世界觀，導致吾人知覺戲劇性簡化、政策處理方面臨某種缺陷。此等科學方法的使用最終會產生爭議，而非解決爭議，更糟糕的是，亦可能腐蝕參與其中行動者的制度性信任。

進一步地說，將證據和公共政策進行重度連結，我們恐怕無法跳脫哲學家David Hume關於不能從「是」中做出「應該」的洞見。證據本身所披露的事實，無論是多麼地令人信服，理當根據個人和社會規範進行評價和應用，亦即藉由個人和社區的價值判斷對相關證據進行測試，以確定可接受和期望的程度與內容。就此而論，政府在制定政策時無視科學證據是一種錯誤，但全然倚賴科學證據並以此為藉口無視潛在利害關係人的心聲，同樣也是一種錯誤。

這意味著加強公眾對話，並支持將證據和理解轉化為有效行動所必需的民主程序，才是政策或方案評估的正道。也許我們可以這麼說，評估必須考慮科學，卻不是一門純粹的科學，更多的是藝術的本質。評估者需要蒐集並尊重證據，但還需要對個人責任和民主參與作出深刻的承諾。無怪乎，在第四代評估之後，有一批研究者主張政策評估應轉向社會建構主義

典範。在這種新的意識形態中，行動研究逐成為一種有用的評估工具，它可以在評估的理論和實踐之間，以及在研究者和所有利害關係人之間建立一種特定的關係，從而進行更具建設性的對話與學習，以改善公共決策過程。

　　社會科學界不時會浮現一些新的倡議、觀點與方法，表露時代背景下特定學術社群的反思和主張，政策評估領域亦同，這是學術進步的來源，對知識生產而言，當然是一件好事。本書之所以取名為「『解讀』政策評估」，顧名思義，就是閱畢本書之後，讀者得以建立更好的知識體系，從而對於一些學界流行的語彙，或政界美麗的文宣，能夠尊重、欣賞，但不盲從。評估工作者若能如此，其服務的機關（構）方能建立更高的公信力，同時，這個領域前輩所倡議的政策民主化理念，也能因此提早到來。作者深刻地體會到：法無定法。畢竟，我們要克服「技術趨光主義」（tool tropism）的魔咒，就不能只是停留在「書齋論劍」、「校園左派」的故紙堆中空談，惟有直指公共政策內在邏輯，與評析決策各種價值衝突脈絡，方得有助於有識之士對「決策情境」的釐清，也能有益於領導者秉其「決策心法」，造福世界！

　　本書看似理論盈野，實則機鋒遍佈，書生試劍，仍待海內外方家之斧正。是為序。

江明修
曾冠球
於己亥年甲戌月
2019年10月
指南山城

目錄

序

CHAPTER

1

政策評估之基本內涵

- 第一節　政策評估的概念
- 第二節　相關名詞釐清

　　隨福利國時代的加速來臨，與人民生活息息相關的社經政策、計畫與方案，諸如限塑政策、年金改革、長照計畫、前瞻計畫、玉山計畫等，陸續浮現或推陳出新，有關評估的方法與技術也不斷精益求精，提升分析層次，企求其結果更臻客觀與信服；加以民智大開，課責理念備受關注的時代趨勢，致使政策或方案評估的重要性益加彰顯，此等因素莫不促成評估活動的日益昌盛。儘管課責仍是政策或方案評估的一項重要目標，但主要目標應該是提高政策或方案本身的績效，從而使公民和出資者的資源投入更有價值（Newcomer, Hatry, and Wholey 2015: 8）。[1]此外，政策評估不是只有單純的技術應用問題，尤其涉及到更為深層的規範與倫理議題，必須藉由方法論和理論的知識訓練背景，方有助反思各種評估方法的政治、倫理與方法論之假定及其應用上的侷限性。在進入主題前，我們擬對政策評估的定義作一初步剖析，並嘗試從諸多學者的定義及其相關概念中，勾勒出政策評估的基本特徵。

第一節　政策評估的概念

　　有關「評估」（evaluation）的概念，事實上早普及於人類日常生活當中。本節主要就政策評估的意涵、本質與類型，加以闡述，以下擬分述之。

壹、政策評估之意涵

　　大體上，有關「評量」（assessment）、「評鑑」（appraisal）、「測量」（measurement）與「品級」（rating）等名詞，由於價值判斷性

---

[1] Newcomer, K. E., Hatry, H. P., and Wholey, J. S. (2015). Planning and Designing Useful Evaluations. In K. E. Newcomer, H. P. Hatry, and J. S. Wholey (Eds.), Handbook of Practical Program Evaluation (4th. ed., pp. 7-35). San Francisco: Jossey-Bass.

濃厚，故經常被視為是「評估」的同義詞。然檢閱西方相關文獻發現，評量與評鑑尤常出現和評估一詞交替使用之情況，如一本社會政策書籍的作者Jansson（1992），即係以「policy assessment」作為章節的名稱。

基本上，Weiss（1972: 1）對評估的詮釋，與我們的既有認知，若合符節。據其所言，評估乃一個相當彈性的字眼，蓋評估者係以一種明示或暗示的標準，檢視和衡量某一現象，並且對各種人、事、觀念進行優劣之判斷。Weiss直言表示，「判斷」（judgment）與評估之間，實具有密不可分的關係。原則上，評估者必須根據一套已界定好的標準（standards）或判準（criteria），推演目標達成的程度，以此判斷被評估的對象之價值（House, 1980: 18-19）。無疑地，判斷厥為評估之本質。

大體上，將評估之概念應用到解決公共問題、增進人類福祉的政策上，即為所謂的「政策評估」。有關政策評估的定義繁多，各有其不同的關注焦點。無論是何種定義，評估通常脫離不了兩大目標，即強化政治課責及強化政策學習（Borrás and Højlund, 2015: 99）。茲分述如下。

首先，Lincoln與Guba（1986: 8，轉引自Palumbo, 1987: 15）所歸納的四種政策評估的定義，可謂是一般比較常見且具體的說法，其分別為：

1. 評估著重在決定績效和目標之間相符的程度，此即傳統的「總結性評估」（summative evaluation）或「影響評估」（impact evaluation）。
2. 評估強調的是蒐集有關研判政策選案的資訊，此即「作業研究」（operations research）的途徑。
3. 評估著重於比較實際效果與宣稱的需求之差異，此即Scriven所謂的「目標中立的評估」（goal-free evaluation）。
4. 評估者期以鑑賞（connoisseurship）的途徑，透過評論的手法來描述和評鑑一項評估，此即藝術批評家（art critics）的作風。

不少學者的觀點認為，政策評估係對政策的內容、執行和效果所作的估測（estimation）、評量，或評鑑。為持續、修正、強化，或終結某一政策，評估活動很可能重複出現在政策過程的每一環節之中（Anderson,

1994: 238）。類似的看法，如林水波與張世賢（1996：329-330）即表示：政策評估乃基於有系統和客觀的資料蒐集與分析，進行合理判斷政策的投入、產出、效能與影響的過程；而其主要的目的，在於提供現行政策運行的實況及其效果之資訊，以爲政策管理、政策持續、修正，或終結的基礎，擬訂未來決策的方針，發展更爲有效和更爲經濟的政策；此外，吳定（1994：414-415）也認爲：政策評估是指政策評估人員利用科學方法與技術，有系統地蒐集相關資訊，評估政策方案之內容、規劃與執行過程、執行結果的一系列活動，其目的在提供選擇、修正、持續或終止政策方案所需的資訊。

　　渠等對政策評估的看法或有出入，惟總結說來，評估所指涉的範疇實有廣狹之分，蓋其可泛指一種價值決定的過程，而爲每一公共決定分析的一部分；相對地亦可將其侷限於評估一刻正進行的方案或業完成的方案，其預期成果與實際成果之間的關係和差異（Quade, 1989: 272），抑或指涉產生有關政策結果之價值的資訊（Dunn, 1994: 404）。是故，政策評估非僅發生在政策循環（policy cycle）末端的一種活動，政策評估應爲一連續體，其涵蓋面向之廣，包含了事前的政策分析與事後的政策評估（請參見表1-1），準此，評估活動可謂伴隨政策循環的每一環節（Patton and Sawicki, 1993: 369）。

▣表 1-1　政策分析──政策評估連續體

事前政策分析	針對問題、決策標準、選案、正反意見、執行政策的預期結果，以及執行和評估所必須的步驟，從事籌備方案的定量與定質的分析。
政策維繫	對於執行的政策或方案加以分析，以確保政策能依照設計般的執行，並且在執行過程不致產生突發的改變。
政策監測	對於政策或方案執行完畢後產生的改變加以記錄。
事後政策評估	對於政策目標是否達成以及政策是否應該持續、修正，或終結，從事定量和定質的分析。

資料來源：Patton and Sawicki, 1993: 369

　　值得說明的是，由於評估和監測的可用資源通常是有限的，因此，在考量評估任何政策或方案時，學者Newcomer、Hatry和Wholey（2015: 9-10）建議主事者宜先行回答五大基本問題：

　　第一，評估結果能否影響政策或方案的決定？

　　第二，評估是否能及時完成以便發揮作用？

　　第三，政策或方案是否重要到值得我們加以評估？

　　第四，政策或方案績效是否被視為是有問題的？

　　第五，政策或方案本身處於什麼樣的發展階段？

　　綜合來說，這五大問題意味著：針對特定政策或方案，主責機關認為有必要做出持續、修正或終止的決定，其將會是很好的評估對象。倘若評估無法及時完成，從而影響對政策或方案的決定，則評估工作將缺乏實質用處。耗費大量資源或績效上被質疑是不顯著的政策或方案，很可能是有意義的評估對象。當公民或利益團體公開指責特定政策或方案的績效或管理不佳時，則評估將可發揮關鍵的作用，諸如削減、維持或擴大政策或方案，以便對民怨有所回應。新政策或方案，特別是成本和效益未知的試辦計畫，也可能是很好的評估對象。

貳、政策評估之本質

　　一般而言，政策評估具有如下的本質（Dunn, 1994: 404-405）：

一、價值取向（Value Focus）

　　評估不僅致力於蒐集有關政策行動的預期與非預期結果的資訊，尤其重要的是決定社會或方案的可欲性、價值或社會效用。此外，政策目標和目的的適當性經常備受外界質疑，因此有關目標和目的的評估也應該包含在評估程序之中。

二、事實與價值的互依性（Fact-Value Interdependence）

評估聲明（evaluation claims）必須同時仰賴事實與價值。就邏輯上而言，政策監測（policy monitoring）乃政策評估的前置作業，因此當我們指出一政策或方案產生高度或低度績效時，不僅政策結果對於某些個人、團體，或整體社會具有價值，同時也必須考量實際上政策結果與政策行動之間的因果關連性。

三、今昔取向（Present and Past Orientation）

評估聲明和經由推介產生的倡導性聲明（advocative claims）相較之下，其格外關注當前和過去的政策結果。此外，評估具有回溯性（retrospective），同時是發生在政策行動之後，也與推介的前溯性（prospective），與發生在政策行動之前的特質有別。

四、價值二元性（Value Duality）

評估聲明所植基的價值兼具內在性與外在性，故倘以層級方式將諸多價值加以列序，即可反映目標和目的之間的相對重要性與互依性，亦即上下層級之間所呈現的手段和目的之連鎖關係。

參、政策評估之類型

政策評估的類型，因學者著重焦點之差異而有不同的主張，形成眾說紛紜，莫衷一是的現象。國內資深學者吳定（1994：420-422）、柯三吉（1993：124-155），均偏好以政策階段模式（phase model）來劃分政策評估的類型，因而將政策評估分為預評估（preevaluation）、過程評估（process evaluation）和結果評估（outcomes evaluation）三種（請參見表1-2）。相似者，如Posavac與Carey（1992: 8-11）的需求（need）、過程（process）、結果（outcome）與效率（efficiency）評估。

▣ 表 1-2　政策評估的種類

種類	內涵
預評估	指對於政策方案在規劃階段時進行可行性評估、優缺點評估、優先順序評估；或是在政策方案執行一段時間後，先作探測性評估，以作為未來全面評估該項政策執行之影響及效益的基礎。預評估包括：規劃評估、可估性評估和修正方案評估。
過程評估	指對政策問題認定的整個過程，政策方案的規劃過程，與政策方案的執行過程進行評估。
結果評估	指對於政策方案的執行結果加以評估。結果評估包括：產出評估與影響評估。

資料來源：整理自吳定，1994：420-422

　　House（1980: Ch. 2）將評估區分為：系統分析（systems analysis）、行為目的（behavioral objectives）、決策制定（decision-making）、目標中立（goal-free）、藝術批評（art criticism）、專業評論（professional review）、準法律（quasi-legal）、個案研究（case study）。事實上，此等類型即代表著不同的評估途徑或模型。

　　又如Dunn（1994: 406-414）根據界定政策結果的不同角度與來源，而將評估區分為虛擬評估（pseudo evaluation）、正式評估（formal evaluation）與決策—理論的評估（decision-theoretical evaluation）三種。

　　然典型上，Scriven（1976）引介的分類方式，即將評估目的簡單二分為「形成性評估」（formative evaluation）、「總結性評估」兩種類型，可謂是最為耳熟能詳者。

　　值得說明者，「形成性評估」旨在修正和改善刻正發展中的方案；至於「總結性評估」強調的是決定方案的結果或影響，亦即針對方案之價值逕予判斷。Stake即曾生動地以廚師和顧客各自品嚐佳餚的目的作為類比，他表示當廚師淺嚐烹調味道之際，是為進行所謂的形成性評估；不過當顧客親自品嚐佳餚時，則為所謂的總結性評估（Chen, 1996: 122）。

　　隨著評估活動的日益蓬勃成長，典型的分類方式可能過於簡略和粗糙，以致對於評估活動及其核心特質的掌握不全。有鑑於此，Schoenefeld

與Jordan（2017）、Guba與Lincoln（1981）與Chen（1996）不約而同地試圖對評估活動作更細膩，且富有意義的類型化處理。

　　Schoenefeld與Jordan（2017）認為評估可以從官方或非官方，以及單一（集權）或多元（分權）行動者主導評估活動來加以細分，因而有正式評估、非正式評估、層級式評估（hierarchical evaluation），與多元中心式評估（polycentric evaluation）等四大類型。當然，這些類型各有優劣，例如，正式評估相較於非正式評估，前者的評估結果可能比後者更為合乎實際，也比較能夠被權威當局接納和使用，但相對也比較欠缺獨立性與批判性；層級式評估相較於多元中心評估，前者仰賴單一行動者，具有共通的標準，故可相互比較，後者不仰賴單一行動者，重視系絡差異，強調多元標準，故難以相互比較。

　　就Guba與Lincoln（1981: 49-52）而言，渠等根據「優勢（merit）／價值（worth）」與「形成性評估／總結性評估」兩種面向，而將評估細分為四種型態，即形成性發展評估（formative developmental evaluation）、總結性發展評估（summative developmental evaluation）、形成性採納評估（formative adoptive evaluation）、總結性採納評估（summative adoptive evaluation）。其最大特點在於，當評估係著眼避免政策產生水土不服之情形時，則無論形成性或總結性評估，宜應提供利益相關團體暢所欲言的管道，俾傾聽他們對政策的改善建議與總體評價（請參見表1-3）。

　　Chen（1996）則根據評估方案的「階段」與評估側重的「功能」兩面向，劃分評估分為四種基本類型，即過程—改善性評估（process-improvement evaluation）、過程—評估性評估（process-assessment evaluation）、結果—改善性評估（outcome-improvement evaluation）、結果—評估性評估（outcome-assessment evaluation）。其特點在於政策的改善功能不僅發生在執行過程，亦可就成果部分修正其缺失，以為未來推動相似政策之殷鑑；同時，政策的優劣判斷也未必侷限在結果，即使過程稍有缺失，以致偏離原先設計，而有礙於目標達成時，則此類政策的執行過程即被評定為不理想（請參見圖1-1）。

▣ 表 1-3　優點／價值與形成性／總結性評估兩者關係——以課程發展為例

評估類型	評估著重點	
	優勢（發展性評估）	價值（採納性評估）
形成性評估	宗旨：修正和改善設計。 聽眾：實體發展團體。 標準來源：實質專家小組。	宗旨：結合實體與本土系絡。 聽眾：本土適應團體。 標準來源：本土系絡和價值的評估。
總結性評估	宗旨：批評、證明和辯護實體。 聽眾：專業同儕、潛在採納者。 標準來源：實質專家小組。	宗旨：證明和辯護本土使用的實體。 聽眾：本土決策者。 標準來源：本土性需求評估。

資料來源：Guba and Lincoln, 1981: 50

評估功能

▣ 圖 1-1　評估的基本類型

資料來源：Chen, 1996: 123

　　儘管兩者的分類特點存有差異，不過和Scriven的形成性評估與總結性評估之二分法相形之下，足見前者的特點在於強調方案是否能被本土或

特定系絡所接納及其適應的能力，即前述指涉的形成性採納評估與總結性採納評估；後者著重方案執行的品管，以及從目標與手段的角度來修正執行偏差，如其所建構的過程─評估性評估與結果─改善性評估。惟不可否認的是，渠等均設法建構一更為整全的評估類型，以涵蓋所有可能的評估範疇。

第二節　相關名詞釐清

　　有關「評估研究」（evaluation research）與「方案評估」（program evaluation）兩名詞，在概念上與政策評估極為雷同，只不過在研究旨趣與評估層面上略有些微差異，茲簡述如下。

壹、評估研究

　　若干學者對政策評估的定義，趨向所謂的「評估研究」之概念，有別於政策評估之基本旨趣。典型如Rossi與Freeman（1993: 5），其雖將「評估」與「評估研究」兩名詞交錯使用，而認為評估乃「系統性的應用社會研究程序，以評估社會干預方案之概念化、設計、執行與效用」，然此乃指涉評估研究之定義（Patton, 1997: 23），似宜區辨。

　　Suchman（1967: 7）亦主張「評估」與「評估研究」不可混淆。蓋其論點認為，前者通常指涉一種價值判斷的社會過程，儘管必須要以邏輯或理性作為判斷的基礎，不過殊少應用系統性的資料蒐集程序提出客觀證據來支持判斷；後者尤其強調應用科學研究的方法和技術，達成評估的目的。

　　是以，儘管「政策評估」與「評估研究」均強調以資料為基礎所作的判斷，惟嚴格言之，兩者就資料蒐集的目的以及判斷品質的標準方面而言，可謂截然不同（Patton, 1997: 24-25）。倘以光譜為例作說明，即政策評估顯然較強調效用性（utility）與評估發現對特定使用者的相關性

（relevance）；評估研究則著重科學的嚴謹性（scientific rigor），以及結論的可通則化的程度（generalizability）。簡言之，評估研究比較重視知識的累積與探究，亦即是為知識而知識；政策評估明顯地以暫時性決策為導向，應用色彩較為強烈。

貳、方案評估

　　另一與政策評估相關的概念，則是所謂的「方案評估」。大體上，舉凡教育、經濟發展方案、社會福利、社區規劃與住宅等公共議題，與我們日常生活密切相關，乃現代政府施政重心所在，而為方案涉足的主要領域。基本上，此等社會干預方案，可謂是一種有目的和有組織地介入刻正進行中的社會過程，最終目的則在於提供服務或解決問題（Chen, 1990: 39）。茲列舉若干方案評估的定義如下。

　　Posavac與Carey（1992: 1）認為，方案評估是一種為了決定公共服務是否有存在或提供的必要，其內涵是否能夠滿足大眾的需求，輸送過程是否按照既定計畫，以及是否在合理的成本且避免產生非意欲的外溢效果之情形下，滿足人民需求所仰賴的一套資料蒐集的方法、技能與敏感度。其主要任務在於協助改進公共服務的品質。

　　Rutman（1983: 12）的定義是：「方案評估是為了決策需要，使用科學方法測量方案的執行與結果。」

　　Patton（1997: 23）的定義是：「方案評估係對方案的活動、特性，和結果，進行有系統的資料蒐集，以作為方案的判斷、改進效能，或未來規劃之參考。而使用者導向（utilization-focused）的方案評估乃是針對特定的、意欲的主要使用者就其特定的、意欲的使用所作的評估。」

　　是以，方案評估仍不外乎透過實驗、調查，與參與觀察等方法，以評估並改善公共服務方案的概念化、設計、規劃、行政、效能、效率，和效用（Rubin and Babbie, 1992；趙碧華與朱美珍編譯，1995：477）。故倘我們從政策層級性的角度觀之，政策與方案的層次高低容或有別（Dunn,

1994: 143-144），導致方案評估著重在政策選案的可行性及其相對優劣之取捨，與政策評估乃結合政策設計與政策運作的活動，顯有差異（林水波與張世賢，1991：326）。然政策或方案似均不脫離解決公共問題、增進人類福祉為設計宗旨，尤其兩者在評估方法論與評估方法方面，亦無多大歧異。考量行文之便，本文將不擬嚴格區辨兩者。

綜上，我們業檢視諸多學者對政策或方案評估以及評估研究之界說，應有助釐清三者的概念差異，同時也能夠啟發我們從不同角度，定位評估的功能，從而拓展評估的格局與視野，更不難窺曉，不同定義在特定的方法論或認識論上，可能存在之偏差（Palumbo, 1987: 15）。

所謂特定的方法論或認識論的偏差，如當評估被界定為是一種價值判斷的表述過程時，往往即略敘此一判斷過程之來龍去脈或其基礎，亦未交代價值判斷是為了何種目的而為；又如傳統的目標導向（goal-oriented）評估─根據政策或方案所揭示的目標和目的，作為績效考評的指標，其評估焦點過於狹隘，以致漠視政策或方案的非預期結果和長期影響；此外如Rossi與Freeman的定義，顯然強調評估宜嚴格應用社會科學方法論，然此舉似未顧及評估本質，因深入系絡而孕育的行動導向（action-oriented）之特質。最後，回應性評估的鼻祖Stake（1983: 292）對於評估所作的假定：「當評估焦點係投注在方案活動而非方案宗旨上，並且以回應受眾（audience）廣泛的資訊需求為依歸，復能就人們所持的不同價值觀點來論斷方案成敗，即為所謂的回應性評估。」顯見Stake係著重回應利益相關人的需求以及關注評估系絡的獨特性。

職是之故，政策評估至少具有如下的內涵：

1. 政策評估乃應用系統性的資料蒐集方法，針對公共政策概念的形成、設計、執行、結果與影響等主題，進行各種可能的分析、預測與判斷的一種歷程。

2. 諸多的政策評估途徑，各自奠基於不同的認識論、倫理和政治假定之上，亦均有其偏頗與盲點，評估者在應用之際必須加以反思，以了解不同途徑的相對優劣性，或可嘗試加以辯證使用，絕不宜固執於特定、單

一的途徑（House, 1980）。

　　3. 政策評估是一門應用性研究，有別於基礎研究的旨趣，因而富有高度的「顧客導向」特質。是以，評估者必須綜合考量決策者或評估資訊使用者的實際需求後，再決定適當的評估策略與方法，以使評估結果對於暫時性的決策有所裨益。

　　4. 為了達成以實用為焦點的政策評估，評估方法宜採用多元的社會科學研究方法（丘昌泰，1995：146），亦即包括實驗設計、成本效益分析法、成本效能分析法、調查研究法等量化方法；以及深度訪談、現場觀察、口述歷史、腳本撰寫、政策德菲等質性方法。

2

政策評估之方法論典範

- 第一節　實證論評估典範
- 第二節　詮釋論評估典範

　　一般而言，典範是指一種世界觀，其指導科學社群進行解謎活動，而服膺不同典範的科學社群間，所採用的研究方法、研究程序亦大異其趣（江明修，1997）。事實上，政策評估理論自1960年代初期發展迄今，實驗典範（experimental paradigm）在評估方法論的地位，仍具有舉足輕重的地位。然1960年代至1970年代的這段期間，社會科學的實證模型，卻也遭受史無前例的批判。影響所及，1970年代中末期以後，實驗典範的地位，開始出現鬆動跡象。相形之下，詮釋論典範的質性評估途徑，卻也備受若干學者的關注與鼓吹。

　　整個評估趨勢的大幅轉折，自然衍生兩種典範陣營支持者的激烈爭辯。惟此一發展脈絡，也不禁令人進一步思索，有關評估方法論和理論上的典範變遷效應，究竟對於評估方法的應用，產生何種啓迪效果，深值我們關切。

第一節　實證論評估典範

　　1960年代至1970年代初期，評估社群普遍深受Campbell（1988）的「實驗社會」（experimenting society）的願景影響，仰賴嚴謹的量化研究方法論，決定方案目標的相對達成程度，並期將此等研究發現應用在政策過程，以大幅改善當時的社會情狀。爲恪遵實驗科學（experimental science）的信條，評估者也普遍採取客觀立場，以確保社會規劃與政策制定是在一種政治中立與科學理性的基礎下，獲致的研究成果。

　　爰此，評估者多遵循一套「假設—演繹」（hypothesis-deductive）的探究邏輯，以利其達成檢驗、預測與推論的研究目標。

壹、學科背景概述

　　儘管評估研究的歷史根源可以追溯到17世紀，不過廣泛採行較有系統而科學的，根據資料爲基礎進行評估，以爲決策參酌之依據，卻可謂是

相當新穎的理念，並與早期各大學社會科學所系，爲方案評估之重鎭，關係密切（Rossi and Freeman, 1993: 9）。

　　早在1920年代，各種不同類型的社會干預與評斷其實施結果的系統性評估，便相繼推動。尤其到了1960年代至1970年代，大量的聯邦資金挹注在諸多對抗貧窮的社會改革措施，諸如1965年國會通過的「美國初等和中等教育法」（U.S. Elementary and Secondary Education Act in 1965）以及聯邦經濟機會局（Office of Economic Opportunity）所推動的「大社會」（great society）方案，由於涉及經費龐大，牽涉問題複雜，才逐漸開啓民眾對政府課責的要求，期望透過系統性的經驗評估途徑，判斷方案的效能，以爲決策參酌的依據（Patton, 1986: 19-21）。因此，社會科學家便醉心將社會科學知識與技術，應用到公共政策的設計與評估。渠等普遍深信，科學知識與理性思考，將有助造就一更具效率、效能和人性的政府。

　　事實上，尋繹歷史衍流，早期政策分析／評估者之背景多爲經濟學家，導致研究方法特別偏重效率與效果取向的量化分析（Nelson, 1991；丘昌泰，1995：36），與助長此一思潮，可謂不無關連。渠等觀點認爲，倘若我們能正確而科學地了解控制社會和個人行爲背後的這些法則，便可建立一個新興、更完美的社會。觀諸1885年美國經濟學會（American Economic Association）的成立宗旨，即反映此等信念。1903年美國政治學會（American Political Science Association）成立後，統計和數學分析更備受關注（Nagel, 1987: 220）。有關經濟學家和政策分析家之間的相互關係，Nelson（1991: 1-10）即曾作了簡要的歷史回顧，茲將其論點摘述如下：

　　　　從19世紀中葉以後，美國各大學的發展重點就在扮演管理美國社會的科學菁英之搖籃，因此格外強調技術知識的重要性。經濟學家職司政策分析的角色，便於此時成形。20世紀初期的「進步運動」（progress movement）所抱持的「科學─政治二分」（scientific-political dichotomy）觀點，無疑又爲經濟學家開拓出一片蔚藍的天空，順勢所趨地扮演進步遠景的關鍵

角色。其後至1930年代的經濟大恐慌，聯邦政府經濟學家的數量持續攀升，許多經濟學家遂以個人身分參與新政方案的立法與管理工作。政府也成立若干經濟性幕僚部門，並且重視政府應適時地公布國家歲收統計資料的責任。二次世界大戰以後，聯邦政府為因應諸多經濟任務的需要，導致政府部門經濟學家呈現巨幅成長，尤其在1946年「雇用法案」（Employment Act of 1946）通過，成立經濟諮商會議（Council of Economic Advisers），最為明顯。儘管這個時期，學界對於政治—行政二分的觀點開始出現反彈聲浪，惟仍無損於經濟學家在政策領域的地位。甚而，經濟學家更進一步鼓吹特定的經濟政策以及普及化的經濟思考邏輯，例如C. Schultze，這位任職於1960年代中期美國預算局（Bureau of Budget）局長即指出，經濟學家應大膽地涉足美國政府的多元決策過程，並且在政府部門職司「為效率觀點護航」（partisan efficiency advocates）之角色。其後，他不僅在預算局實踐此等理念，並透過設計計畫預算制度（PPBS）落實於各政府部門。職是之故，預算局所突顯的經濟思考與專業經濟學家的優越性，如實反映1960年代和1970年代整個政府部門的趨勢。經濟學家也開始涉足過去認為是處女地的政策分析和推介這片領域。或出於此因，這個時期政府部門經濟學家的數量，依舊向上攀升當中。

事實上，設計計畫預算制度的建立以及對抗貧窮（War on Poverty）與「大社會」政策的推動，即源於此一環境背景（Haveman, 1987: 207）。職是，儘管1960年代以前，社會科學家也曾從事過類似的政策研究，惟此等研究或缺乏一明確途徑，或欠缺公認的方案，以鼓舞研究者加入研究陣容，或無著名的學術團體鼓吹提倡，故始終成效薄弱，以致政策分析與評估研究在社會科學研究社群的地位，未能嶄露頭角（Haveman, 1987: 195-196）。

然1965年以後，一門新興的研究分支——政策分析和評估研究，

深受對抗貧窮——「大社會」政策所呈現的一系列史無前例的社會干預，以及聯邦政府推動的設計計畫預算制度之影響，情況方為之丕變（Haveman, 1987: 191-192）。政策評估研究在美國及世界各地，也逐漸被公認為是一門成長中的實業（Rossi and Freeman, 1993: 11）。

貳、政策評估的科學觀

一、D. Campbell的「實驗社會」的論點

評估研究的誕生，乃源自羅斯福總統推行「新政」之後，甘迺迪與詹森總統大力推動舉國「對抗貧窮」計畫的產物。在科學理性瀰漫下，希望藉助社會科學家的努力，試圖為政策推行的效果作出客觀具體的衡量，並且建構科學理論（林鍾沂，1987：20-26），以實現Coleman（1972）與Campbell（1971）所提倡的「實驗社會」之理想。然而，斯時的科學社會（scientific society），實非植基在社會科學理論上，而是倚重科學方法作為演變之機制（Kelly, 1992: 338-339）。

Coleman和Campbell兩人將社會科學（尤指經濟學、社會學、心理學和政治學）與「實驗社會」之理念相連結的企圖，貢獻匪淺。尤其是Campbell，更被公認為奠基當代社會科學之重要學者，其在社會科學的測量理論、後設理論、科學哲學和科學社會學等方面的學術成就，可謂發揮了無遠弗屆的影響力（Overman, 1988: vii）。儘管稍後在他的某些論著中緩和了先前的立論觀點，卻仍舊無損將其視為是科學社會研究典範的代表性人物（Rossi and Freeman, 1993: 29）。

Campbell早年關懷的是身為一位方法論學者，如何將實驗方法的認識論推展到非實驗室的社會科學（nonlaboratory social science）。遲自1969年，其關注焦點則集中於應用社會科學領域（方案評估），並試圖將其由社會心理學領域所獲知且操作過的實驗模型（experimental model），應用於評估研究之中，亦即設法將政府的諸多改善計畫視為田野實驗來處理（Campbell, 1988: 291）。

　　基本上，Campbell的核心觀點認為，政策和方案的決定應該源自於以持續測試的方式來改善社會情狀，同時社會改革的努力亦應植基在社會實驗之上。於是，他索性將社區和國家視為是社會實驗的實驗室，並且深信社會研究的技術足以勝任這項任務。為推動此一遠景，他和同僚修正並精進社會研究的方法論，以加速落實「實驗社會」的理念（Rossi and Freeman, 1993: 29）。

　　Campbell之所以鼓吹「改革即實驗」（reforms as experiments）之理念，除肇因「大社會」立法的第一波方案評估特別條款，以及國會要求建立「社會指標」和社會相關「資料庫」的提案外（Campbell, 1988: 261），也因其有感若干人士經常倡導的特定改革措施，礙於知識上的貧乏，而掩蓋真相的探索，致以為計畫內容是天衣無縫般的完善。而政治和行政系統事前過分信誓旦旦地宣稱改革的正確性與效能性，更導致系統無法承受失敗經驗的學習之事實。於是，Campbell乃積極提倡實驗精神與改革氣魄，是以政策推動者應改持的態度為：「這是一個嚴重的問題，我們擬根據實驗基礎推動A政策，倘若五年後未見情況好轉，即放棄前者，而改採B政策（Campbell, 1988: 262-263）。」

　　「實驗社會」的理念，試圖為經常出現的政策問題，謀求替代性解決之道，且一旦發現某種改革的成效不彰，即設法尋求其他選案替代之（Campbell, 1988: 291）。是故，社會改革的實驗途徑便強調，我們應以嚴格的量化研究方法論，測量為解決特定社會問題而設計的新方案，檢視方案目標達成的情況，汲取此等方案實施成效所帶來的寶貴經驗，並依據現有多元卻未臻完美的判準下的實施效能為基礎，決定是否保留、仿效、修正，或終結此等方案，期能將研究發現儘速體現於政策過程，以大幅改善社會的發展。

　　因此，社會科學家對其所作的政策建議，宜抱持謙卑的態度，避免落入泛倡議的陷阱。而「測量本身乃變革的推動者」，此一不證自明的道理，尤適用於「實驗社會」。社會科學家應扮演「實驗社會」的「忠僕」（servant）之角色，而非急欲奪取「領導者」之美名（Campbell, 1988: 297-298）。觀諸Campbell（1988: 293-297）對「實驗社會」的詮釋，可

見一斑，他表示：

> 「實驗社會」的理念即試圖造就一個積極的社會（active society）、真誠的社會（honest society）、非教條的社會（nondogmatic society）、科學的社會、課責、有擔當、正當過程的社會（accountable, challengeable, due-process society）、分權的社會（decentralized society）、手段理想主義和目的理想主義兼具的社會（means-idealism as well as ends-idealism）、廣泛回應的社會（popularly responsive society），以及平等的社會（equalitarian society）。

準此而言，政策推動者應革除削足適履的心態，切莫懼怕政策有負面效果，而試圖將評估焦點縮小到渠等可控制、公開宣示的結果之上；反而是應該針對問題的嚴重性，設計多重選案，切實評估，以為事實汰換依據，期能逐步緩和問題為依歸。此外，行政人員也必須倡導問題的重要性，而非解決之道的重要性。渠等必須倡導改革的實驗續階（experimental sequences of reforms），而非祈求靈丹妙藥的改革措施。是以，實驗的行政人員（experimental administrators）必須具有承擔方案失靈的勇氣，不畏懼實際分析結果之威脅（Campbell, 1988: 286-289）。

二、實證主義的主張

1960年代以後，實證主義開始蓬勃發展，政策評估也逐漸發展出新的面向。觀諸Coleman（1972）與Campbell（1971）所鼓吹的「實驗社會」之觀念，即植基於實證／行為主義的傳統方法論立場（Dunn and Kelly, 1992: 11）。

有關實證主義的內涵與論點，相關論著已有深入的分析與探討，本文僅作扼要說明。大體上，就哲學淵源而言，Comte的「社會物理」（social physics）的「科學遠景」（scientific vision）和Winch的「社會的概念」

（concept of the social）的「人文主義遠景」（humanistic vision）仍可謂為當代美國社會科學兩種主要的觀點（Overman, 1988: viii-xix）。

　　由於兩者觀點對立，因而在方法、後設理論、哲學和知識社會學等不同層次產生激烈的爭辯。大體上，科學觀點呈現的是一種統一的科學觀點（unified science perspective），因而認為科學是實證的、量化的、應用的、累積的；人文主義的觀點強調社會的概念，並且奉行社會科學是主觀的、詮釋的、多元的和非累積的觀點。然實證哲學（the positivist philosophy）的興起，主要目的還是在提出一套科學方法來研究哲學，或是企圖把哲學改造成科學，進而否定傳統的形而上學，以此解決長久以來有關形而上學的宇宙本體，世界的起源等本體論上爭議不休的問題。

　　是以，儘管實證論典範自Comte提倡「實證哲學」開始，至20世紀初維也納學派（Vienna circle）所倡導的「邏輯實證論」（logical positivism），每個時期的代表人物或許在立論上有所出入，惟實證論的主張，大致可歸結如下（江明修，1997：60-65）：

1. 價值中立：將事實與價值強行分離，實然與應然嚴格區分，強調主客二元論。換言之，其主張「價值中立」乃發現科學知識的確切途徑。

2. 預測控制：採取決定論的觀點，認為科學研究的目的是為了獲得知識，以便於預測、解釋和控制之用。

3. 經驗科學：主張經驗科學的方法論，同時適用於自然科學與社會科學，其假定經驗科學為知識獲得的唯一途徑，抑且，運用嚴格的自然科學的研究方法，同樣適合於處理複雜的社會現象，認為經驗資料是驗證假設的唯一標準，並且重視統計與量化的陳述方式。

4. 外在實體：認為社會實體是單一的、有形的「獨立於外」，可以將之細分為獨立的變數和過程，也可以將之脫離其他的關係而獨立加以研究。

5. 尋求通則：欲發展一種規律性的知識體系，追求超越時空的通則陳述。換言之，其強調類似性遠甚於差異性。

6. 直線因果：主張每一種行動都可以從先發生或同時發生的原因來

解釋其結果，是一種直線式的因果關係。

7. 機械隱喻：實證論者採取一種機械隱喻的世界觀，視整體為一巨大精確的機器，可拆開加以分別研究，並認為部分之總和等於全體。

8. 規律變化：認為宇宙是由最根本的積木（原子）所組成的，而且存在著規律不變穩定的秩序。因此，只要能掌握其基本的特性，便可以了解其中的變化。

9. 知識累積：對於知識的成長與進步的觀點，採取知識累積論的看法，認為經由點點滴滴事實的累積，最後終能組成科學的完整知識，揭開人類與宇宙最後真理的面紗。

10.化約主義：對世界採取化約主義的觀點，認為複雜的現象所有的層面，都可以簡化為其所組成的各部分來加以理解。換言之，自然是一部受嚴謹的數學定律所支配的完美機械，可以對之操控與利用。

參、假設—演繹邏輯的評估方法論

Guba與Lincoln（1989: 163-172）所描繪的傳統探究方法論（the methodology of conventional inquiry），頗有助於我們了解實證論典範的評估過程，以下擬扼要說明之（請參見圖2-1）。

基本上，實證論典範的基礎在於嚴格區分「發現系絡」和「驗證系絡」。「發現系絡」位處探究過程之外，是為探究的前置作業，也是最具創造性的過程。因為藉由該階段，我們才能得出理論、假設或問題，亦即形成「理論語言」（theoretical language），並且透過後續的觀察，以為檢驗之基礎。至於「發現」的泉源很多，可能是來自直觀、洞視或預感等，然大體上和所謂的「默會知識」（tacit knowledge）若合符節。無論如何，即將被我們探究的現象或主題，必定是在經驗科學領域——驗證領域或辯護——之外加以概念化的。

由於探究乃科學的經驗性部分，透過探究才能對源自發現的宣稱（assertions）或命題（propositions）加以驗證或辯護。因此驗證或辯護

領域便顯得格外重要。在驗證領域——經驗科學——內，傳統典範包含了若干的步驟。首先，透過演繹法，我們即可將源自發現的理論，衍生出大量的假設或問題。爾後為了要檢驗假設或回答問題，則接連發展出研究設計。值得注意的是，這個階段研究者所處理的是一種命題語言（propositional language）。因此，倘若要發展出精密而客觀的研究設計，則有關的假設或問題便須透過語言形式來陳述。蓋客觀主義、二元主義的認識論（objectivist, dualist epistemology），要求探究者必須和此等陳述保持距離，以便能夠提供一具有中立性的經驗檢驗。因為以命題形式來陳述假設和問題源於探究初期，因此通常很輕易地即可將此等命題語言轉換成若干精確的運作性定義，亦即清楚說明每一變數的測量或評估方式。此外，此等陳述可以更進一步地轉換成量化形式，研究設計便改以統計設計方式來呈現。

　　發展出研究設計之後，實證主義的探究者就準備將其付諸執行。這個階段有三項要件是環環相扣的，分別是：控制下的情境、「客觀的」工具，以及代表性、隨機抽樣。首先，倘若我們的目標在於發現「真相如何」或「真相是如何運作的」，採取控制方式以避免其他因素的干擾或混淆則有其絕對的必要性。故有所謂的「真實驗設計」（true experimental designs）與「準實驗設計」（quasi-experimental designs）兩種設計方法，其間差異在於彼此符合實驗室情境的程度有別（詳後述實驗設計部分）。其次，探究工具必須足夠客觀，以避免遭受探究者、贊助者、出資者和研究對象等人的操控或詮釋上的誤導。最後，由於實證主義者的意圖在於產生可推論性的發現，因此浮現出一問題：「要將研究發現推論到何處？」復為保護研究的內在效度起見，因而有必要採行一具有代表性或至少是隨機樣本來執行探究任務。

　　達成上述要件之後，探究者便開始蒐集實驗前的資料、管理和監測研究處理，以及蒐集實驗後的資料。資料蒐集完備後，便開始進行資料分析的工作。資料分析是根據研究設計所規定的程序或檢驗（通常是採統計方式）來執行。本質上，此等檢驗的目的無非是要決定研究發現與「真實」世界之間的相關程度，因此就實證論所奉行的實際主義本體論（realist

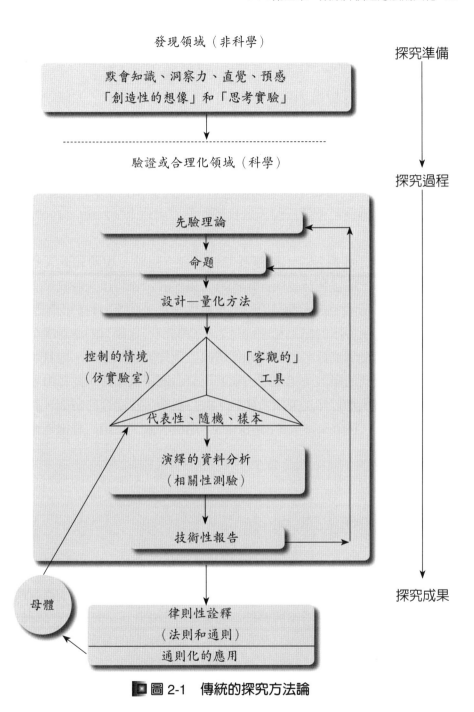

■ 圖 2-1　傳統的探究方法論

資料來源：Guba and Lincoln, 1989: 165

ontology）而言，此乃最終一道檢驗程序。

　　換言之，「假設—演繹」的評估途徑即要求評估者應在資料蒐集之前，即先行將主要變數加以界定，並且清楚說明特定的研究假設。換言之，評估者必須事先決定什麼變數是重要的？以及此等變數之間所存在的何種關係是即將被檢驗的？因此，任一結構性、多元選擇的問題均需設定好可能的回應範疇，而此等範疇乃根據某種理論或先驗的判準而定。準此，古典演繹的評估途徑強調隨機實驗下，測量預定目標相對達成之程度，以便精確地將目標達成歸因於具體的方案處理上（Patton, 1997: 279-280）。

　　另外，為了要清楚提出問題或其他的探究焦點、說明和既有研究成果之間的關係、闡述和辯護所採用的方法論、展示資料以及發表調查者歸結出的解釋和結論，探究者必須提出技術性報告。此際，我們面臨到一問題：「該研究所得出的結果和解釋是否支持抑或否定原有的命題呢？」倘若原有的命題受到支持，此等命題便被吸收到知識領域之中，並且可能產生新的問題或新的階段；相反地，倘若原有命題不被支持，此等命題則須要根據研究發現加以修正或重新陳述，並且展開另一回合的研究，此即循環的自我修正（recursive self-correction）過程，直到足夠的證據能夠支持該項理論為止。

第二節　詮釋論評估典範

　　1970年代之後，若干論者咸體認到，政策探究的本體論和認識論，實有予以再概念化的必要，單一的社會和經驗性實體也逐漸為多元實體的概念所取代。爰此，詮釋論典範的擁護者如Guba與Lincoln（1985; 1989）與Patton（1982; 1990; 1997）等人遂表示，使用嚴謹的實驗設計將會使評估者與政策或方案的利益相關人產生疏離，因而阻礙渠等去探索利益相關人的聲明和訴求，如此不僅忽視政策的回應性，且研究結果亦無助於政策或方案的改善。

　　本節，我們擬從學術界對社會相關性的呼籲談起，進而闡述社會建構論的新世界觀，最後再就建構主義的政策評估方法論進行論述。

壹、實證模型的批判與反思

　　1960年代和1970年代，政策科學家日益關切國內議題，並設法向其他社會科學尋找理論和方法論的指引下，由於彼等醉心於改善決策的理性面，故特別熱衷於經濟學所強調的效率、最適化、成本效益分析，以及其他分析技術之效用極大化的規範與理性選擇理論。是以，諸如「設計計畫預算制度」和其他「大社會」方案的設計，分析焦點或狃於侷限在政策績效、評估研究、實際政策制定和政策產出與結果上，或以效率、效能和最適化來評估政策選案之風潮，均可謂是「經濟選擇邏輯」之最佳寫照。

　　由是，行為論和實證論側重績效產出和結果，不僅與早期政體取向的「民主政策科學」之理想逐步悖離，為數不少的政策研究領域的學者，也日漸忘懷政策科學理應具備的「民主規範」色彩，如今反倒徒剩「政策科學」之空殼矣（Kelly, 1992: 342）！

　　儘管政策科學家普遍忽視政體層次的民主，惟並非意味此等規範議題，就此蕩然無存（kelly, 1992: 337-345）。事實上，斯時仍不乏學術性和專業性學者，對於促進更廣大的民主，猶抱強烈之憧憬。是以，社會科學的實證模型也遭受渠等嚴厲的批判。這段期間，也可謂是社會科學最為動盪不安的年代。

　　進言之，在實證主義傳統下，統計模型和研究設計具有科際應用的特性，然理論建構的結果之所以欠缺相關性，或肇因崇奉科學分析與技術理性的前提下，評估者無不祈求將所有的政策和政治問題化約為行政或技術問題，以提升量化方法、統計技術和經濟分析的處理能力，期能客觀地衡量政策評估的成敗，俾為政策決定之參考（林鍾沂，1987：19）。實則，諸多社會科學理論係以情境和結構變數為焦點，究非政策制定者所能獨立操控（Dunn and Kelly, 1992: 11-12）。

不僅如此，傳統的政策分析／評估，乃假定政策議題在「經驗面向」與「規範面向」兩者間可以截然二分。由於「規範問題」本身的主觀價值判斷色彩過於濃厚，故不宜作爲科學的政策研究之題材，倒認爲研究者應關注經驗上可檢驗的「事實問題」。此種認定，遂導致政策分析／評估變成了一門純中立的活動──非規範性和去政治化（Amy, 1984: 207-208）。後實證主義者即強烈質疑上述事實──價值二分的觀點。對此，林鍾沂（1994：103）言簡意賅地表示：

　　……就方法論而言，過去的政策評估深受行爲主義影響，比較著重於技術、事實面向的分析，因而相對地重視效率效能的考量；現在的政策評估，則受到後行爲主義的影響，由價值、倫理面向出發，去質疑「效率效能究竟是爲了誰？」的基本問題，認爲政策評估若不先就價值面加以討論，而去關注正當性（legitimation）、公道性（justice）、共同命運的社群性（community）等問題，則評估本身在方法論上已迷失了方向……。

　　歸結渠等論點，無非指涉實證主義者著迷於將自然科學的研究方法，奉爲社會科學的典型，實爲不當之舉。畢竟，社會世界本質上和自然世界即屬不同，研究方式亦應隨之而異。是以，這股浪潮掀起了若干非實證主義的社會探究途徑，包括：A. Schutz領軍的現象學方法論，濫觴於分析哲學的英國學派的詮釋途徑，以及J. Habermas的批判理論途徑（Amy, 1984: 207）。

　　不可諱言，上述不同理論學派與探究途徑的崛起，促使政策研究領域在1970年代以後，逐漸轉型爲一門成熟的學科，觀諸S. S. Nagel（1987: 219）所歸結的三點轉型成功的因素中，如1.1960年代以後公共政策問題便日益受到關注；2.政府提供學術機構大量的研究經費和工作契機；3.政策評估新興方法論的發展，即突顯方法論的轉折，對於學科內涵的精進，誠有相當的貢獻與啓發。

綜上所述，論者遂將美國1960、1970年代社會改革運動的失敗原因，歸結為三，其分別為（丘昌泰，1995：27-35）：

1. 社會科學理論的權威性逐漸式微：蓋社會科學理論無法在複雜的社會系絡中接受考驗，因此未能作為政策行動的指引，有鑑於此，不少學者開始肯定實務者智慧的信度與效度，並且對於實地觀察（grounded observation）有助於提升社會現象的解析能力，抱持樂觀的看法。

2. 社會科學方法的權威性逐漸式微：蓋傳統社會科學信仰邏輯實證論而大加宣傳的科學方法，如隨機化實驗和調查研究法，愈來愈受到學者的質疑與挑戰，相對於此，質性的研究途徑（qualitative approach）則逐漸受到重視。

3. 政策制定者的權威性逐漸式微：即政策制定者不再是政策形成的唯一來源，取而代之的是政策利益相關人分析（policy stakeholders analysis）之概念，強調政策的制定必須反映各種不同政策利益相關人的多元觀點。

貳、政策評估的藝術觀

一、質性評估的興起

政策評估理論的發展，到了1970年代中末期以後，傳統量化—正式的實驗研究設計途徑（quantitative formal experimental research design approach），遂逐漸遭受若干學者，如Guba與Lincoln、Stake，以及Patton等人所催生的質性或主觀的歷史個案研究途徑（qualitative or subjective historical case-study approach）的挑戰與質疑。整個評估趨勢的轉折自然免不了產生若干的爭辯，尤其是量化與質性的評估途徑孰優孰劣，兩派陣營始終各持己見，不容妥協（有關兩者的差異，請參見表2-1）。

■ 表 2-1　互斥的方法論典範之面向

質化／自然典範	量化／實驗典範
質化資料（敘事性、描述）	量化資料（數字、統計）
自然探究	實驗設計
個案研究	分派和控制組
歸納分析	演繹的假設檢定
主觀觀點	客觀觀點
緊密接觸方案	遠離方案
全觀的系統描繪	獨立和相依變數
互依性的系統觀點	線性、連續的製模
動態、持續的變遷觀點	前後的變化
相關個案的立意抽樣	標準化、統一的程序
關注獨特性和差異性	固著，控制的設計
應變、彈性的設計	統計分析
外推	通則化

資料來源：Patton, 1997: 273

　　及至1980年代，爭辯的焦點復轉移到有關評估者中立性的問題，以及評估過程的政治本質之議題，此外也意識到價值對於評估可能帶來的影響。尤有甚者，為提升評估結果的效用而鼓勵利益相關人參與協同性評估（collaborative evaluation）的聲浪，似日益茁壯當中（Patton and Sawicki, 1993: 369-373）。對此，Patton（1986: 24-25）特別從評估研究的「效用危機」（utilization crisis）之角度，剖析個人對轉折歷程的看法，他表示：

　　　　……過去許多研究者的立場認為，他們的責任在於設計
　　研究、蒐集資料、公布研究發現，至於此等發現對於決策者使
　　用上的助益，則非所問，以致評估研究出現嚴重的「效用危

機」。要言之，因為研究者強調技術品質與方法論的嚴謹性
（methodological rigor），而實驗設計、量化資料，和詳盡的統
計分析最能滿足效度、信度、可測量性、通則化等判斷評估研
究報告品質的標準，相對地便輕易漠視下游「使用」的議題。
不過，方法論愈趨嚴謹，卻依舊無法對評估效用的危機帶來甘
霖。有鑑於此，教育評估標準聯合委員會（Joint Committee on
Standards for Educational Evaluation）的一群專業評估人員，便開
始探討有關評估標準的問題，最後他們的結論認為，評估至少
應該滿足效用性、可行性（feasibility）、適當性（propriety），
與精確性（accuracy）等四大標準，以此區別傳統社會與行
為科學所力求的方法論嚴謹性，如此方能滿足情境回應性
（situational responsiveness）、方法論彈性（methodological
flexibility）、多元評估者角色（multiple evaluator roles）、政
治圓融性（political sophistication），與實質創造性（substantial
doses of creativity）之要求。

亦有學者針對政策評估與基礎研究（basic research）兩者之間的差
異，進行類似的闡述，如Cronbach即認為：評估的目的和旨趣應該和科學
調查嚴加區別。蓋評估研究不僅牽涉到方法的應用，並且還是一政治與管
理的活動（Rossi and Freeman, 1993: 15）。接著，Rossi與Freeman（1993:
29-30）更進一步地表示：

　　　評估是一門藝術，每一項評估應該呈現的是一種為滿足
方案贊助者和利益相關人的一種個例性努力（an idiosyncratic
effort）。因此，儘管科學研究致力於符合調查者同儕所設定的
一套研究標準，評估則需要以認知到政策和方案的贊助者和利
益相關人的利益，並且在既定的政治環境、方案限制和有限資
源下，以產生決策者極大化有用的資訊之方式來設計和執行。

　　是以，評估的藝術應該是針對特定情境和特定的政策制定系絡來從事評估的設計與資訊蒐集，因此並無單一、理想的標準可資依循，完全視決策者、政策制定者、方案贊助者、方案管理者、幕僚人員、方案參與者，以及一般大眾的「觀感」而定（Patton, 1987: 8-9）。

　　整體而言，1960年代以來，若干評估人士熱衷於質性評估途徑的開拓，質性運動（qualitative movement）儼然蔚為一股風潮。而這股風潮之所以形成，或出於因應方案評估者之角色調整和變遷的社會系統，或察覺到傳統量化方法的侷限，或肇因側重多元利益相關人的價值所使然。

二、質性評估的內涵

　　質性評估的哲學根源，簡言之，即在探索社會互動所植基的社會─文化系絡，設法透過背景網絡的整體鋪陳，詮解人類行為背後的意義。因此，倘我們欲深入了解人類世界的社會文化現象，則方法與技術的擇取似宜更加謹慎，並迥異於自然科學的探究方法（Patton, 1987: 19-20）。

　　質性評估只是一個泛稱的概念，屋脊之下各有其不同的理論淵源與研究重心（Patton, 1990: 66-87）。江明修（1997：95）歸納後便發現，質性評估隨著學科的不同而有各種名異實同的稱謂，例如在人類學稱人種誌研究（ethnography）或田野／實地研究（field research），在教育學稱自然探究（naturalistic inquiry），在哲學稱現象學（phenomenology），在人本心理學為啟蒙觀（heuristics），在社會學稱人種方法論（ethnomethodology），社會心理學稱符號互動論（symbolic interactionism），在生態學稱生態心理學（ecological psychology），在理論物理學稱混沌理論（chaos theory），在神學乃詮釋學（hermeneutics）等（請參見表2-2），突顯質性評估理論傳統的多樣性。

■ 表 2-2　質性評估的理論淵源

1. 人類學	Anthropology	人種誌 Ethnography
		田野／實地研究 Field research
2. 哲學	Philosophy	現象學 Phenomenology
2. 人本心理學	Humanistic psychology	啓蒙觀 Heuristics
3. 社會學	Sociology	人種方法論 Ethnomethodology
4. 社會心理學	Social psychology	符號互動論 Symbolic interactionism
5. 生態學	Ecology	生態心理學 Ecological psychology
6. 教育學	Education	自然探究 Naturalistic inquiry
7. 理論物理學	Theoretical physics	混沌理論 Chaos theory
8. 神學	Theology	詮釋學 Hermeneutics
9. 文化人類學	Cultural anthropology	文化研究 Cultural studies

資料來源：江明修，1997：95

爰此，質性評估落實在方法上，則揚棄所謂的通則化、標準化等概念的有效性，轉而強調系絡的獨特性與個案的殊異性，是以如何勾勒政策／方案施行系絡的獨特動態環境，厥爲關心所在。對此，論者普遍主張使用田野觀察、深度訪談、互動和詮釋學等質性方法評估政策／方案，如此不僅有助於評估者在一種自然、不扭曲的狀態下，全盤掌握政策／方案的演化、變遷與推動成效，因爲：

　　相較於量化評估方法，質性評估方法顯然較沒有強烈的預設立場，不會爲了便利資料的比較分析，而在資料蒐集上預先設定分析範疇；相反地，改以開放性敘述（open-ended narrative）的質性方法所蒐集到的細膩描述（detailed descriptions）、直接口述（direct quotations）和個案書面資料（case documentation），頗有助於質化資料的深度和細膩性（Patton, 1987: 9-10）。

就若干特殊的個案，一般性問卷量表所無法觸及的領域，質性評估也

有取而代之的作用。舉例而言，某些較爲「敏感」的主題，方案評估旨在幫助人們處理或緩和一些不名譽的行爲，如虐待兒童、AIDS、不正常的性關係和心理疾病等，當事人很可能極不願意將自己的觀點公開暴露在問卷上，因此亟需仰賴新的評估技術（Jansson, 1994: 416）。最爲重要者，質性評估更可避免觀察面向落入實驗設計所預設的若干自變項與依變項之框架。此乃：

> 實證論典範所強調黑箱式的、隨機化的實驗與準實驗設計，最爲誘人的特質莫過於，倘若一項方案的目標或目的能夠以合理、可測量的術語加以明確化，如此透過隨機實驗即能達到評估社會方案淨效果之目的，無須了解該方案的實際運作情形（Chen and Rossi, 1983: 284）。

職是，質性評估者不僅使用各種不同的技術和多資料來源，輔以更多的判準來評估政策，並透過評估者和被評估對象之間的彼此互動，產生其方法論。歸結言之，質性評估具有如下的特質（Patton, 1987: 13-19；1990: 39-63；江明修，1997：97-98）：

1. 自然主義的探究（naturalistic inquiry）：與實驗途徑相較之下，採取質性設計方式的評估者不會爲了評估目的而試圖去操控方案或方案參與者。因爲前者的目的在於評估結果能否作有效的因果推論；而後者重視的是個別差異性，兩者所構思操控（calculated manipulation）之程度，明顯有別。

2. 歸納分析（inductive analysis）：質性方法是採取探索、發現和歸納邏輯。因此評估者對於方案情境的了解，較不致有預存立場的情形出現，故評估發現係源自特定系絡，所建構的理論必然是植基在實際世界的模式；而實驗設計的假設—演繹途徑（hypothetical-deductive approach）則是在資料蒐集之前即先受假設主導，而非如質化分析係採議題爲導向。

3. 現場觀察（going into the field）：強調客觀超然性的評估風格，無

非是為了維持研究的客觀性和減少偏見的發生，但是一旦觀察者未能全然了解人類行為，則有可能和具體情境發生脫節，甚而影響評估的效用。進入現場即意味著如實了解點點滴滴方案生命的實體和細節。故而，涉入方案（closeness）並非必然有產生偏見或喪失觀點之虞；不涉入方案也未必保證有客觀性。

4. 全觀觀點（a holistic perspective）：全觀途徑的觀念在於整體必然大於部分之和。因為一旦我們烘托出方案的政治和社會系絡之全貌，俾能察覺到其間的細微變異、背景、互依性、複雜性、個例性和系絡，對於全盤了解該方案可謂相當重要。

5. 動態、發展的觀點（a dynamic developmental perspective）：質性—自然主義式—形成性途徑（qualitative-naturalistic-formative approach）尤其適合於正在發展中的、革新的或改變中的方案，蓋其目的無非是為了改善方案、促進方案更有效地被執行，以及探索加諸參與者的各種不同的影響。由於動態評估途徑（dynamic evaluation approach）是過程導向，故能隨時因應方案的突發狀況而機動調整。

6. 個案研究：質性評估方法的深度和細膩，典型上係源自於若干個案研究所作的貢獻，此等個案研究的數量小到不足以作有信心的類推。個案研究的特點在於能夠提供細膩且有深度的資訊，並且利於捕捉方案情境之間的個別差異性。故而，一旦方案愈重視個別結果，便愈適合使用質化的個案方法。

參、互動建構邏輯的評估方法論

一、社會建構論的基本主張

基本上，社會建構論者並不認為社會實體是既定的（given），亦非如主流科學家所言的：社會實體是「外存的」（out there），而認為人類生活是社會互動的結果，不同對象的互動，便會產生不同的結果，根本無所謂客觀實體的存在。因此，社會實體是人類主動創建的，亦即經由人們

不斷努力協商、改造、組織，共同產生的一種共識，所建構而成的一種實體（江明修，1997：27-30）。

對於建構主義研究法貢獻卓著的「個人建構心理學」（personal construct psychology）學派曾經表示，如同科學家一般，我們每一個人在因應所生活的世界時，均會建構出自己的理論，提出獨特別出心裁的假設以及驗證方法，因此人類對於經驗有自我詮釋、主動積極的架構能力，心理學家的職責即致力於深入了解每個人獨特的個人建構（personal constructs）（吳芝儀，1997：41-51）。易言之，在建構主義典範（constructivist paradigm）下，研究者的任務即在於試圖了解、認知與詮解被觀察者觀看世界中種種事件的方法，以及理解其現象的內在心理建構歷程。

「我們無法接觸一未經詮釋的現實（an interpretation-free reality）」，尤其「在人類的經驗世界裡，除了詮釋之外，別無他種途徑」（Denzin, 1989: 8，轉引自Greene, 1994: 536）。既然人類所竭力理解的世界，無一不是透過當事人自身的詮解來達成。因此，我們所認知到的社會實體應該也只不過是其中的一個「側寫」（profile）、「視角」（perspective）罷了，絕非全貌。是以，建構主義典範即高度質疑人類有一直接的管道，足以進入一單一、全觀的「眞實現實」（real reality），對渠等而言，如何由下而上地將此等殘缺不全的政策圖像加以勾勒彙整，乃爲建構主義方法論探討的首當要務。

二、互動建構邏輯的方法論

根據Sechrest與Figueredo（1993: 653-654）的論點，早期學界在探討量化和質性評估研究之間的區分時，多注意其間的互補性。亦即，這兩種途徑針對同樣性質的問題，可以在資訊提供方面產生截長補短之效。然稍後的論著似乎認爲，質性方法由於較爲關切過程問題（question of process），故可彌補量化方法之不足。邇來，某些學者則更進一步表示，量化方法過於陳舊落伍，而應該爲質性方法所取代，持此強硬派觀

點之學者中，以Guba與Lincoln（1989）所倡導的「第四代評估」（fourth generation evaluation）最爲耳熟能詳。

Guba與Lincoln（1989: 11-13, 21-45, 57-63）在檢視前三代的評估（即測量導向、描述導向和判斷導向）之後，歸結傳統評估理論的三大缺失，分別是：1.管理主義（managerialism）的傾向；2.無法調和價值多元主義（value-pluralism）；3.過分信守科學探究典範（scientific paradigm of inquiry）。

申言之，實驗科學的評估理論乃傳統政策科學家努力建構的目標（丘昌泰，1995：145-170），而科學實證論乃植基在實體主義的本體論之上，復以所抱持二元主義、客觀的認識論（dualistic, objective epistemology），進而導致傳統方法論深陷若干盲點（參見表2-3的對照說明），此即：1.未能考量利益相關人的立場，特別是有關渠等的聲明（claims）、心聲（concerns）和議題（issues）；2.採取「驗證」而非「發現」模式，以致無法勾勒出利益相關人的價值和建構；3.忽略系絡因素的重要性；4.未能提供個別情境（situation-by-situation）爲基礎的可評估性評估之工具；5.堅守「價值中立」的立場，邏輯上便與評估即是要作出判斷的目標扞格不入。有鑑於此，Guba與Lincoln乃積極提倡以回應爲焦點，改採建構主義方法論的「第四代評估」。

建構主義的政策評估方法論具有如下特徵（請參見圖2-2）（Guba and Lincoln, 1989: 173-183）：

1. 自然背景（natural setting）：建構論是植基在相對主義的本體論之上，故而必須在自然情境下從事研究。蓋倘若我們假定社會實體是多元的，而這樣的社會實體又與建構者本身的時間與系絡因素息息相關，則探究者就必須浸淫在同一時間／系絡下進行研究，所蒐集到的事實才能具有相關性。

2. 以人作爲研究工具（the human as instrument）：建構論者相信人類本身是很好探索問題的工具，因爲只有人類才能夠隨研究情境的變化而機動地調整和適應研究議題的深度和廣度。

3. 質性方法（qualitative method）：承上，一旦以人類作為研究工具，則最適合人類使用的方法就是質性方法。基本上，質性研究方法不過是人類正常活動的延伸而已，例如看、聽、說、讀等，其研究技術如訪問、觀察、利用非語文表達的各種暗示與無干擾性測量，以及探索文件並記錄分析等（吳瓊恩，81：256）。

4. 默會知識：為了與研究情境保持高度適應性，建構主義者希望探究者能夠發揮洞察情境的能力，如此方能進入問題的深層結構，而不是只有在問題的表象上打轉。而默會知識即強調直覺和感觀這類不能用語言文字以命題的形式來表達的知識，這類知識卻是洞察力的泉源。

5. 詮釋辯證圈（hermeneutic dialectic circle）：由於利益相關人對於社會實體有不同的觀察角度和建構方式，因此容易形成各說各話、相持不下的困境。而詮釋辯證循環圈即在解決此等困境，希望透過多元利益相關人溝通、協商和彙整彼此之間的歧見，逐步縮小建構的差距，進而達成階段性的共識。

6. 個案報告（case report）：個案報告乃歷經詮釋辯證過程而得出的聯合建構（joint construction）之產物。基本上，個案報告的特色在於密集描述（thick description），經由這樣的呈現方式，不僅澄清所有重要的系絡，也能夠讓讀者產生有發人深省的共鳴。

7. 建構主義探究的過程與結果，透過探究者與回應者之間的協商，而不斷地被形塑和檢驗，蓋聯合建構必須同時反映局內人和局外人的觀點。換言之，探究者與回應者的價值與判斷必須等量齊觀。

8. 在建構主義典範下，發現和驗證保持著持續互動的過程。因此，自然論者對於「你是處在發現抑或驗證階段？」這類實證論者經常不加思索即可回答的問題，視之為毫無意義的問題，蓋發現和驗證兩者間的關係實在難以區分。

▣ 表 2-3　傳統與建構主義典範之比較

傳統典範	建構主義典範
本體論—— 實體主義的本體論：世界存在著一個獨立於任何觀察者旨趣的單一實體，並且依循若干不變的自然法則（多為因果型式的法則）運行。真實即為與實體相符的一套陳述。	相對主義的本體論：世界存在著多元、社會建構而不為任何自然法則、因果關係或其他所駕馭的實體。「真實」乃是透過共識形成的最智性和深奧的建構。
認識論—— 二元論的客觀主義認識論：一位觀察者有可能（事實上也有必要）獨立於被研究的現象，與之保持距離（俗稱主觀—客觀二元論），並且排除任何影響研究的價值考量。	一元論的主觀主義認識論：研究者和被研究者的相互依存關係，調查發現於是成為探究過程的詳實創造。此舉有效破除傳統本體論—認識論的二分。
方法論—— 干預主義的方法論：剔除干擾變數分析的系統，從而探究焦點匯集於真實之上，並且解釋實際運作的自然，以達成預期與控制的能力。	詮釋的方法論：其包含一複述、分析、再複述、再分析等的持續辯證，直到個案產生共同建構為止。

資料來源：Guba and Lincoln, 1989: 84

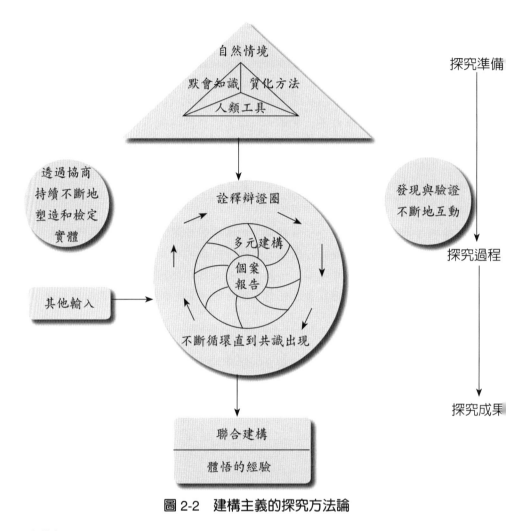

圖 2-2　建構主義的探究方法論

資料來源：Guba and Lincoln, 1989: 17

CHAPTER

3

政策評估之理論

　　觀諸政策評估理論的發展，其最具特色之處，莫過於不斷充實「評估」的實質內涵。評估概念持續擴充的結果，理論建構也不斷精緻化，包括初期著重測驗的結果、描述結果與目標之間的差距、判斷政策產生的影響，以及到後來強調評估者與政策利益相關人的互動。儘管其間的評估焦點或有不同，惟不容否認，評估理論的典範卻開始出現鬆動之跡象。質言之，評估理論已逐漸從過去僵化的管理主義模式跳脫出來，逐漸朝評估即利益相關人之間的對話、溝通之特質發展。本章擬將評估理論區分為實證論與詮釋論兩大陣營，析述其意涵。

第一節　實證論典範的政策評估理論

　　實證論典範下的政策評估理論，有其發展的歷史脈絡。早期的評估者以為，評估不過像是測驗學童學習成果般，其測驗成績即代表著個人的學習成就，無須釐清其他的細節問題；稍後的觀點認為，評估應根據政策結果與既定標準之間的差距，論斷其價值；進一步地，若干評估者又轉而質疑政策與其結果之間的因果關連，因而強調評估者必須透過嚴謹的控制技術，方能評斷政策良窳。此外，也有學者認為僅關注政策施行結果，或窮於追究評估方法的優劣爭辯，事實上並無助於日後政策的改進，而提倡必須改從政策理論的角度下手，才能對評估結果獲得較整全的了解。以下，我們將分別介紹上述評估理論的實質內涵。

壹、測量取向的評估

　　評估的發展有其長久的歷史淵源，而且是諸多因素交互融合的發展結果。蓋根據Guba與Lincoln（1989: 22-26）的說法，除因社會科學興盛後，強調以「科學途徑」研究人類／社會現象，而賦予精確的量化測量高度的合法性，以及企業與工業界的科學管理運動，對於測驗帶來的激發外；早期最主要的影響，實源自對各種不同的學童特質，所進行的測量。

　　事實上，學校測驗（school tests）早已行之數百年之久，其目的乃藉此了解學生對於授課內容的吸收程度。又因統計方法的進步，教育測量方法不斷更新，評估者遂透過「標準化測驗」（standardized test）的成績，評估各校不同教學方式下的教育成果。考量能精確測量教育成績之良好工具起見，教育研究領域的標準化測量也益爲普及（潘友昌，1967：5）。由於標準化測驗在測驗的內容、施測與計分上，係在一套標準的模式下進行，故可使受試結果具有相同的比較基準。是以，標準化測驗約有如下四項特徵（王文科，1986：347-348）：

一、客觀性

　　即指測驗不會受到施測者個人的信念或偏見的影響，但若干特殊情形，測驗可能會因其種類的不同而稍有差別，如投射測驗的客觀性（objectivity）恐怕比不上多項選擇測驗。

二、施測條件力求一致

　　如施測時間，是否允許猜答，是否可重複說明，回答學生疑問的方式等都有明確的規定。經由一致施測條件而獲得的研究成果，他人可以複製。

三、有根據百分等級編製而成的常模

　　通常發展（編製）標準化測驗者均審愼選擇樣本，就個別受試者所得的分數與團體表現的關係，編製成測驗常模表，且都將原始分數與百分等級對照使用。惟需注意者，此種百分等級無法在統計上使用，須將之轉換成標準分數，才可做統計分析處理。

四、有信度與效度

　　一種測量工具的信度，即在於顯示不論什麼時候測量，所得結果前

後的一致性程度；效度係指一種測量技術是否能真正測量它所要測量的問題。

及至1920和1930年代，學校測驗開始大量開花結果。然斯時，測量與評估兩名詞，卻經常出現交替使用的情形。由於測量可謂是評估概念的發端，Guba與Lincoln（1989）遂將此一測量取向的評估，定位為第一代的評估（first generation evaluation）。在此測量世代（measurement generation）下，評估者必須對各種測量工具瞭若指掌，以便能測量任何所需調查的變項。無疑地，評估者主要扮演的是一種技術性角色。

貳、描述取向的評估：R. W. Tyler模型

Tyler（1983: 67-78）於教育界具有相當的影響力，在教育評估和測驗方面，尤以為然。最為人所熟知的，莫過於他曾於1930年代以及1940年代初期，於俄亥俄大學擔任「八年研究」（Eight-Year Study）課程研究計畫的主持人時，奠定「目標導向」評估模型的基礎，並將此一嶄新而廣博的教育評估觀點，引介給全美教育人士，從而開啟教育評估的新視野。由於他貢獻卓著，因此經常被譽為「教育評估之父」。

基本上，「八年研究」奠定了第一套系統的教育評估方法（黃光雄編譯，1989：85-93）。因為，在Tyler尚未發展出他的評估模型之前，教育評估幾乎完全將焦點鎖定在學生成就的評量上。評估和評量兩者幾乎雷同。在這種以測量為導向去發現方案優點的情況下，學生自然成為主要的評估焦點。

Eisner（郭禎祥譯，1991：185）則指出，「評估」和「測驗」在涵義上是不同的。蓋「評估」是對教育相關現象作價值判斷的過程；而「測驗」是為了說明或判斷一種或數種人類行為，而去取得資料的一種程序。換言之，測驗只是為了作價值判斷而去蒐集資料的工具之一。儘管Tyler並未就目標從事價值判斷，而僅著重於目標的事實描述（Guba and Lincoln, 1981: 6），惟不可否認，測驗和評估本質上乃大異其趣的。觀諸

Guba與Lincoln（1989: 28）所言：「描述取向的評估途徑，其特色係就某種業已揭櫫的目標，描述其優劣模式。儘管先前評估者的技術色彩並未褪去，然而此時評估者扮演的是描述者的角色。測量不再等同於評估，而是被重新界定為作成評估的多種工具之一。」即為明證。

　　基本上，Tyler認為評估過程至少應該包括如下的步驟（黃光雄編譯，1989：88；另請參照Guba and Lincoln, 1981: 4-5）：

一、擬定目標與目的。
二、把目的約略地加以分類。
三、以行為詞彙（behavior terms）界定目的。
四、建立可以展示目的業已達成的情境或情況。
五、在某些情況下，向方案有關的人員解釋評估策略的目的。
六、選擇或發展適當的測量。
七、蒐集行為表現的資料。
八、比較資料和行為目標。

　　由此，我們可以發現該模型在目標、結果，以及測量結果的程序上所呈現的緊密邏輯關係。事實上，Tyler本人即認為，評估應該是針對期待結果和實際結果之間所作的比較（Madaus, Stufflebean, and Scriven, 1983: 9）。換言之，評估乃檢測目標與行為表現之間一致性的一種歷程。復鑑於過去教育評估的缺失，於是，他把評估焦點從學生成就轉移到方案的其他方面，並且強調以行為詞彙來擬定目標的必要性，以之作為評估研究的起點。附加說明者，Tyler的評估模型業已嵌入了一種回饋概念，亦即評估結果所提供的資訊，可作為日後方案目標的修正參考，並進而重新擬定評估計畫。

　　事實上，該模型嚴謹的系統邏輯亦在其他領域廣為流傳，企業與政府組織經常推動的「目標管理」（management by objectives），本質上即為目標導向模型應用上的翻版（House, 1980: 27）。

　　總之，該模型的最大特色，在於以方案特定目標和目的作為決定成功

的判準，故而，目標被視爲是標準和判準的獨家來源。基此緣故，目標導向的評估者係根據方案特定目標（即結果與目標之間的內在比較），而非與控制組或其他方案作比較，以決定方案的成敗，因此結論可否通則化和方案關連性相較之下，似非關鍵（Stecher and Davis, 1987: 27-28; Madaus, Stufflebean, and Scriven, 1983: 9）。

參、判斷取向的評估

一、決策導向模型（Decision-Oriented Model）

決策導向模型強調有系統的提供方案管理和運作方面的資訊。職此，倘若評估者所提供的資訊，有助方案管理者提升其決策能力，即可彰顯該資訊的價值。故而，我們在規劃評估活動時，便應盡可能考量方案幕僚人員的決策需求，依據實際決策來建構評估。典型的作法是，評估者必須先行預想各決策點所需仰賴的資訊，據此設計蒐集資訊的策略和方法，以提供相關資料，減低決策時可能面臨的不確定性。

是故，有關即將作成何種性質的決策、由誰作決策、哪些選案可供參考、何時作成決策，以及使用何種判準等資訊，評估者都必須先行釐清。換言之，決策者必須盡可能嘗試去模擬有關的決定系絡（decision context）。復因方案在執行和完成時，多少會和原初規劃的面貌有所出入，決策者的需求自然隨之而異，評估者也必須因應此等改變。故而，評估者必須通盤了解方案的生命期（program development cycle）——考量方案是處於規劃階段、執行階段，抑或完成階段，並且在不同的決策點適時提供不同種類的資訊需求。爲達此一目標，實有賴評估者與方案和幕僚人員經常相互溝通，以共同營造一合作關係（Stecher and Davis, 1987: 29-32）。

針對以上論述，我們可透過Stufflebean（1983: 117-141）於1960年代末期發展出來的「CIPP模型」，進一步加以了解。事實上，Stufflebean本人對於將CIPP模型應用於教育領域甚爲熱衷，而該模型不僅在教育評估

上享富盛名，亦可謂是決策導向模型之典型。

　　CIPP模型的基本觀點認為：評估最重要的目的不在證明（prove），而在改善（improve）。由於它反對評估是用來挑剔毛病抑或僅作為課責的工具，故其主張評估是一種協助並改善方案運作的工具。由此可見，CIPP係一系統改善的策略，亦為一改善導向的評估。

　　該模型經過一連串的演變與擴充，Stufflebean最後將決策細分為四種類型，分別是：系絡評估（context evaluation）、輸入評估（input evaluation）、過程評估與成果評估（product evaluation），這四者便形成CIPP模型的基本架構。我們擬扼要說明之（請參見表3-1）：

　　1. 所謂「系絡評估」，其基本取向在於確認某評估對象（諸如一機構、方案、標的團體或個人）的優勢與劣勢，並且提供改善的方向。其目標乃評估研究對象的整體地位，確認其缺點，探索足以彌補其缺點之優勢，診斷其難題的解決之道以改善評估對象之福祉，以及審視當前的目標和施作重點是否合乎服務對象的需求。

　　2. 「輸入評估」的主要取向在於協助規劃一變革方案。其整體用意係協助服務對象在其需求和環境系絡下，考量不同選案，並且發展一種適用的計畫。

　　3. 「過程評估」是一種對執行中的計畫作持續檢核的工作。其目標不外乎是提供有關方案回饋、修正與記錄等方面的資訊。

　　4. 「成果評估」係測量、解釋，與判斷一項方案的成果。其基本功用在於決定一項既存的方案是否值得持續實施、重複實施，抑或擴展到其他情境。

　　準此，CIPP模型的評估層面可謂涵蓋目標、選案（設計）、執行，與成果等四方面（請參見表3-1）。因此，該模型不僅重視類似往昔Tyler模型所強調的成果，同時也關注過程的評估。換言之，評估者若採用CIPP模型，其所獲得的評估資訊，將有裨益於決策（形成性評估）與課責（總結性評估）等兩方面的資訊需求。

▣ 表 3-1　四種評估類型

	系絡評估	輸入評估	過程評估	成果評估
目標	界定機構的背景；確認對象及其需求；確認滿足需求之可能方式；診斷需求所顯示的困難；評斷目標能否滿足已知的需求。	評估及確認下列各項：系統的各種能力、數種可替代的方案策略、實施策略的設計、預算及進度。	確認或預測程序設計或實施上的缺點；記錄及判斷程序上的各種事件及活動。	蒐集對結果的描述及判斷；將其與目標以及背景、輸入及過程之訊息相互聯繫；解釋其價值及意義。
方法	使用系統分析、調查、文件探討、聽證會、晤談、診斷測驗，以及德菲法。	將現有的人力及物質資源、解決策略，及程序設計列出清單，並分析其適切、有效，及合算的程度；利用文獻探討，訪視成功的類似方案、建議小組，以及小型實驗室等方法。	追蹤活動中可能有的障礙，並對非預期中之障礙保持警覺；描述真正的過程；與方案工作人員不斷交往，並觀察他們的活動。	將結果的標準賦予操作性之定義，並加以測量；蒐集與方案有關之各種人員對結果的評斷；從事質與量的分析。
在變革過程中與作決定的關係	用於決定方案實施的場所、目標與方針；提供判斷結果的一種基礎。	用於選擇下列各項：支持的來源、解決策略，以及程序設計；提供評斷方案實施狀況的基礎。	用於實施並改善方案的設計及程序；提供一份真正過程的紀錄，以便日後用以解釋結果。	用於決定繼續、中止、修正某項變革活動，或調整其重點；呈現一份清楚的效果紀錄（包括正面與負面、預期的與非預期的效果）。

資料來源：黃光雄，1989：202-203；Stufflebeam, 1983: 129

　　職是觀之，決策導向的評估模型充滿著理性與系統的色彩。在強調以決策者的特定需求為焦點，並且重視其關心重點與判準之前提下，似乎隱約地帶有一種提升評估報告效用之意圖（House, 1980）。

二、新測量模型（Neomeasurement Model）

　　新測量模型即一般通稱的「實驗模型」。Campbell與Stanley合著的《*Experimental and Quasi-Experimental Designs for Research*》（1963）以及Rossi與Freeman合撰的《*Evaluation: A Systematic Approach*》（1993）乃實驗模型典型的代表論著。

　　實驗模型係源於長久以來盛行於大部分學術研究的控制實驗（controlled experimentation）傳統。該模型乃試圖將實驗科學的原則，應用至社會方案評估領域，據以評估政策或方案實際產生的影響，即一般所謂的影響評估（impact assessment）。無疑地，為了要執行影響評估，評估者需要一蒐集資料的計畫，以便讓評估者能夠大膽宣稱所觀察到的改變，確係政策干預所造成的結果，絲毫不為其他因素干擾。至於影響評估的計畫，即一般所謂的實驗設計。實驗的意涵係指先採取行動，次後再觀察行動產生何種結果。因此，實驗設計愈趨嚴謹，所獲得的估測結果，其可信度也就隨之愈高。然而，倘若評估者深入考量該設計所將耗費的時間、經費、精力以及倫理等因素，無形中便限制了可供選擇的實驗設計種類與方法論程序。儘管如此，實驗模型希望藉由控制外來因素以及隔離方案影響的作法，企圖從一特定方案實際產生的影響加以推演，並且導出通則化的結論，是為最終的目的。

　　由於影響評估乃估測干預是否產生意欲的結果，透過實驗設計來觀察方案行動與意欲結果之間的因果關係，並以或然率（probabilities）來表示此等關係。故而，實驗模型的基本目標乃估測干預的「淨效果」（net effects）。基本上，所謂「淨效果」是指排除其他干擾因素後，確係歸因於干預造成的結果；至於「總結果」（gross outcome）乃評估者在測量方案結果時，所觀察到的改變。基本上，評估者所觀察到的改變，除了一

部分是由干預造成的結果外，其他尚有可能是外來的干擾因素（如標的人口的成熟趨勢），以及研究設計所造成的效果（如測量信效度）（Rossi and Freeman, 1993: 221）。由於影響評估的焦點投注在淨效果，因此必須排除其他無謂的干擾因素。大致上，此等干擾因素即與「內在無效度」（internal invalidity）與「外在無效度」（external invalidity）因素若合符節（Campbell and Stanley, 1963: 5-6）。前者乃解釋實驗的最基本要求，滿足這項要求後，我們才能得知意欲結果確係由干預造成的；後者則關乎實驗發現能否推論到現實世界。由於實驗模型強調以客觀，可通則化的方式探究方案相關的問題。職是，實驗評估者格外關心評估結論是否具有技術性效度（technical validity）自不難想像。當然，方案目標的操作化以及貫徹干預的執行，無疑是影響評估的前提要件。

基本上進行一項實驗設計，實驗者必須謹慎而有系統地操縱若干的變項，並且觀察被操縱的變項對其他變項的影響，以建立被操縱變項與觀察變項二者之間的邏輯關係。其最終目標，無非是希望將此等關係加以通則化，俾使此等關係能推廣應用到實驗環境以外的母群體。大抵上，實驗設計面臨的議題包括：如何篩選和分派實驗組與控制組的受試者、如何操控變項、如何控制干擾變項、如何進行觀察、如何選取適當的統計方法分析資料。

準此，就影響評估的設計而言，理想的作法不外乎透過隨機抽樣的方式，分派實驗組與控制組的受試者，接受不同的干預或處置，並且對之施以前測與後測，評估者在對照兩組差異後，便可從中斷定實驗所產生的結果是否純係行動所致，並以此建立因果關係模式。以上乃典型的「古典實驗設計」（classic experimental design）類型。然而，實際世界的情境中，畢竟鮮有機會讓我們執行如此嚴謹的控制實驗，因此勢必得修正科學研究的嚴謹要件，以便使該設計能夠應用在方案情境的實體。例如，我們經常會面臨到無法以控制組作為實驗對照，抑或兩組內的受試者無法採用隨機分派方式組成的困境，此際，評估者便不得不採行統計途徑的「非隨機準實驗」（non-randomized quasi-experiment）和其他「非實驗方法」（non-experimental method）加以替代。亦即評估者為了盡可能達到控制的要

件，擬透過統計技術，如共變數分析（analysis of covariance）來校正方案情境無法控制的差異性。

　　職是觀之，實驗評估者必須調和方案實體與研究模型需求之間的落差。他必須在方案情境的限制下，盡可能達成嚴謹的研究之要求。為了保持客觀獨立性，他不能被方案參與者或幕僚人員的意見所左右，而必須嚴謹地將研究設計的原則應用至一既定情境中，藉以獲取有關方案影響的可靠資訊。由此可見，評估者所扮演的乃客觀第三者（objective third party）或外來推動者（external agent）之角色。

　　整體而言，實驗模型的優點在於強調結論的通則化與客觀性，此一特色帶給方案行政人員與決策者高度的信賴感。然而，實驗模型的缺點是，我們甚難在方案運作的實際世界，建立控制的條件；而實驗評估經常將若干複雜影響因素，化約至簡單因果模式，致使該模型未能察覺人際互動的細微與複雜處。

肆、理論取向的評估

　　陳惠次（Chen, Huey-Tsyh）是「理論導向評估」（theory-driven evaluation）的著名提倡者。在其名著《理論導向評估》（1990）乙書尚未付梓前，Chen便曾多次與Rossi共同發表相關論文。大抵上，他主張評估研究要有意義與效用，那麼它的研究就必須要以理論為基礎。

　　然傳統上，「理論」在方案評估的重要性經常備受忽視，評估文獻也殊少論及如何將理論引進評估過程之中。易言之，方案評估這門學科多年的發展結果，竟淪為一種「去理論化的活動」（atheoretical activity）（Chen, 1990: 19），彷彿評估僅端賴研究步驟的照本宣科即可完成。以致，評估只關心一方案的輸出面與輸入面之間的整體關係，而把轉換過程視為黑箱而置之不理。他曾舉醫學例子，加以說明（研考會，1984：34）：

　　　若用黑箱評估顯示出新藥方有治療某種疾病的可能，但是
無法提供此藥性的基本資料。在這種情況下，醫生開處方將有
所困難，因爲不了解此藥在何時有效，或在何時有負面效果。

　　基本上，方案評估之所以演變成去理論化的活動，或可歸因任何學科
理論的發展經常是落於行動和實務之後。然事實上，早期方案評估的先驅
者特別強調鞏固這門學科的科學地位，以致格外重視科學方法的應用，究
乃主因；加以主要的評估觀點——不論是實驗典範或自然論典範，大多都
是方法取向見長，質性與量化兩派陣營對決所產生的激烈爭辯，可謂更加
助長此一態勢。爰此，有關評估方法優劣之爭辯，在方案評估領域可謂甚
囂塵上，至於方案理論的重要性，由於乏人問津，無人深究，自然也就不
成氣候。因此，Chen（1983: 284）在理論導向評估發展初期，便曾感慨
地指出：「實驗典範在方案理論文獻中的獨霸現象，不幸地轉移了我們在
了解社會方案的重要任務——發展出社會干預的理論模型。」此一發展結
果極易導致我們以爲：評估結果大多數的問題，主要源自方法論的缺陷，
只需將研究方法稍加斧正，方案評估的諸多困難即可迎刃而解（Chen,
1990: 23）。

　　Chen對此一論點卻不表苟同。在他看來，當前方案評估面臨的最大
問題，毋寧是方法充斥而理論匱乏，以致缺乏綱領、毫無章法地在從事評
估。蓋其認爲「方法導向的評估」（method-oriented evaluation）不僅在
適用範疇上有其侷限，如實驗典範主要著重總結性評估的議題，自然主義
的途徑則強調形成性評估，同時渠等的評估策略是在系絡中立（context-
free）的情形下發展出來的；加以方法導向的觀點之間，又存在著不可共
量（incompatibility）的困境——量化和質性方法各自有其假定、邏輯和
研究程序，無法加以整合。最重要的是，有鑑於方案理論可以提供我們確
認一評估最爲重要的議題，決定哪些方法和這類議題最爲相關，並且建議
如何應用最佳方法來處理此等議題等方面的指引（Chen, 1990: 28）。是
故，他強烈主張當前的要務應多在概念和理論上下工夫，以便有系統地整
合相關的系絡因素以及研究方法。

　　易言之，「理論導向評估」並未排拒使用適當的研究方法。事實上，其對評估技術與工具的貢獻，仍持肯定，惟對當前主要評估觀點所突顯的焦點以及評估概念化方面，不以為然（Chen, 1990: 35），故而建議評估者應多投注心力在一政策的理論基礎，了解政策的設計之道，以及如何執行因果過程、如何運行等，方能克服黑箱評估的缺失。

　　基本上，「理論導向評估」所指涉的「理論」，係可將其界定為一套用來解釋或指引社會行動的相關假定、原則，和／或命題（Chen, 1990: 40）。從其定義，則該理論不僅包括描述性理論（descriptive theory），亦包含診斷性理論（prescriptive theory），亦即隱含價值判斷的特性。Chen（1990: 43）又將方案理論界定為：「對於有關達成意欲目標需要透過哪些手段，尚有哪些重要影響值得我們注意，以及此等目標和影響是如何產生等的闡述。」足見方案理論兼含規範性理論（診斷性理論）和因果性理論（描述性理論），兩者形成方案理論的次級理論。規範性理論提供有關應該追求或檢定何種目標或結果，以及如何設計和執行對策（treatment）的指引，以利方案人員了解方案的概念化與假定，並協助渠等確認方案設計和執行過程的關鍵議題；因果性理論係藉由確認產生某種過程的條件及其可能導致的結果，闡明方案運作的實情，亦即該理論可以提供有關方案究竟產生何種影響，以及又是如何產生的資訊，因此頗有助於對未來方案的改進。

　　就方案理論的建構而言，Chen主張宜彙整利益相關人途徑與社會科學途徑而成的整合途徑，亦即兼具回應性（responsiveness）、客觀性、真誠性（trustworthiness）與可通則化等四種價值為基礎的方案理論。

　　基本上，方案理論的建構是依循一種橫斷面的評估邏輯，亦即先作評估界域（單元）的劃分，其後方才發展出相對應的評估理論，並且分別就規範面與描述面，作縱深而有系統地檢視。申言之，Chen將方案理論切割為六大領域，分別是：處置領域（treatment domain）、執行環境領域（implementation environment domain）、結果領域（outcome domain）、影響領域（impact domain）、干預機制領域（intervening mechanism domain），與概化領域（generalization domain）。六大評估領域衍生六種

相對應的理論，即處置理論、執行環境理論、結果理論、影響理論、干預機制理論與概化理論。此等理論中，前三者為規範領域的理論，後三者為因果領域的理論。六種理論透過系統方式結合，便構成一方案理論的次級理論。是以，理論導向的評估，即在設法有系統地將計畫的理論模式整合於評估過程之中。

　　Chen又進一步地將此等理論應用於評估實務中，遂衍生六種基本的評估類型，包括：規範性處置評估、規範性執行環境評估、規範性結果評估、影響評估、干預機制評估與概化評估等。茲扼要說明於後：

　　1. 規範性處置評估：這類評估聚焦於確認規範性的對策結構，檢視對策的實際運作，並且評估規範性的與業已執行的對策之間的一致性。

　　2. 規範性執行環境評估：這類評估聚焦於確認規範性的執行環境，檢視實際的執行環境，並且評估理論的執行環境與實際的執行環境之間的一致性。

　　3. 規範性結果評估：這類評估包含系統性地確認或澄清一組方案的目標或結果，藉以促進方案規劃和管理的過程。

　　4. 影響評估：其目的係評估對策對於結果所產生的影響。

　　5. 干預機制評估：這類評估提供有關對策與結果之間因果歷程的資訊。

　　6. 概化評估：這類評估試圖將概化議題整合至評估過程中。

　　綜上所述，理論導向評估可謂是一種結合基礎與應用社會科學的模型（Chen and Rossi, 1980: 106-122），強調從不同社會科學理論與知識基礎，推演政策對策的效果，期能彌補「方法導向評估」的灰色地帶——化約輸入面與輸出面之間動態因果關係的探討。就理論建構的貢獻而言，理論導向評估提示我們了解「方案理論」乃為有效評估之前提，因此，對於方法導向評估者熱衷於方法精緻化的夢想，多少產生當頭棒喝之效。有學者（Brousselle and Buregeya, 2018）甚至認為，理論導向評估有機會躍升成為第五代評估。

有關實證論典範下的政策評估理論重要特徵，請參見表3-2。

📖表 3-2　實證論典範的政策評估理論

理論模型		主要受眾或參照團體	理論重心	評估者角色	典型問題
測量取向的評估		受試者	測量方法	評量者	如何對方案的相關變項加以施測？
描述取向的評估		管理者／心理學家	目標和目的	描述者	方案的目標和目的為何？如何進行測量？方案是否達成預定目標？
判斷取向的評估	決策導向模型	決策者（行政人員為主）	決策	決策支援者	決策者面臨的決策問題為何？需要提供哪方面的資訊協助？
	新測量模型	受試者	研究設計	專家／科學家	方案活動產生的實際效果為何？此等效果能否加以通則化？
理論取向的評估			社會干預的理論模型	方案理論的建構者	政策的理論基礎為何？政策是如何設計而成的？政策執行的因果過程為何？

資料來源：作者整理

第二節　詮釋論典範的政策評估理論

　　相較於實證論典範的政策評估理論，詮釋論典範的政策評估理論在視野上就顯得比較寬鬆。其不認為評估必須拘泥於既定的政策目標，如此不免與實際結果有所偏差，因此強調無預設地尋找政策產生的影響；評估者本身更應保持敏銳的洞察力，方能就其所融入的政策情境，發揮專業判斷；然更重要者，評估者應該具備更多的現場經驗，放下身段，傾聽政策

利益相關人的心聲，才不致有扭曲社會實體之嫌。不僅如此，評估者更應揭露政策目標可能存在的不當迷思，跳脫出狹隘的工具觀點，俾進行政策目標的價值論辯與批判。以下，我們擬詳述各理論的實質內涵。

壹、目標中立的評估

　　目標中立的評估之發展，乃淵源於哲學家暨評估者Scriven（1973: 319-328）對古典的目標導向評估所作的強烈批判，取而代之的則是著重政策效果的觀念。

　　Scriven認為政策評估不應侷限於方案發展者所揭櫫的目標，畢竟這類目標並無法涵蓋政策或方案付諸執行後產生的實際效果，蓋評估者係根據既有目標中，選出少數幾個可以操作化的、範圍狹隘的、可以量化的結果變項，作為評估的對象，以此斷定政策與結果之間存在的因果關係，故為一「假設—演繹」邏輯的評估方法。Chen與Rossi（1980: 109）亦對於這類官定目標的研究典範大加質疑，同時認為傳統的方案評估典範不是使用精密嚴謹的研究設計，便能確切地發現實際的政策效果，而是這個典範本身存在嚴重盲點，亟需導正。故而，倘若我們拘泥此等目標，不僅窄化了評估範疇，抑且容易忽視其他更有意義的評估焦點。詳言之，從事目標中立的評估，可分為下列四點理由（Patton, 1990: 116）：

　　1. 為了避免狹隘地研究業已陳述的方案目標，因而錯失重要的非預期結果。

　　2. 為了排除與非預期效果的發現有關的負面涵義。蓋「外溢效果」、「次級效果」，抑或「非預期效果」等詞彙，很可能對於重要成就形成壓抑，尤其在考量新的優先順序之際。

　　3. 為了剔除目標知識流竄至評估中，所形成的感官偏差。

　　4. 透過目標中立的條件，以維持評估者的客觀性和獨立性。

　　基本上，該模型的基本論點約可析分爲二：其一，評估者不應爲目標所誤導。House（1980: 30）即表示：目標中立的評估應該從Scriven試圖減少評估偏差效應之系絡內加以審視。蓋目標會扭曲評估者，造成偏誤現象；其二，評估者宜設法尋找該方案可能產生的一切影響。申言之，評估者應致力於廣泛蒐集實際影響的資料，以便與參與者業已表達的需求進行比對和判斷。依照此種途徑，評估者執行目標中立的評估，就必須產生兩類資訊，即實際效果和利益相關人需求之資訊。

　　事實上，若干學者（House, 1980: 30; Guba and Lincoln, 1981: 18; Stake, 1983: 290；丘昌泰，1995：154）對於Scriven的評估模型之可行性，抱持相當懷疑的態度。大體上，渠等質疑的焦點不外乎，針對如此廣泛的政策影響資訊，我們如何進行價值判斷。因爲，倘若評估者不由方案目標的立場出發，殊難想像如何找尋評估判準，故該模型在運作層次上，可能面臨諸多困難。是以，採用無目標的評估方式，勢必將面臨如何賦予發現的價值意義之難題。對此，Scriven的觀點認爲，我們不妨比較觀察所得的結果（影響評估）與評估所得的消費者需要（需求評估）是否相符，進而判斷既定方案的優劣良窳。

　　基此，評估者不是接受方案發展者提供的目標，而是要判斷所達成的目標是否能迎合消費者的需求。評估者須由消費者需求的觀點，來確認眞正的效果，並且評估此等效果的價值，而不拘泥於方案目標。換言之，我們可謂目標中立的評估模式，係仰賴對消費者需求而非生產者需求所作的分析。無疑地，消費者的需求即爲提供評估者一權威性標準之來源（House, 1980: 31）。

　　值得說明者，Scriven並未完全顚覆目標導向的評估模式，充其量只是對抗該模式所植基的邏輯—演繹邏輯之限制，期以一種歸納與全觀途徑，來突破傳統評估的格局罷了（Patton, 1990: 116-117）。事實上，他本人即表示：目標中立的評估與目標導向的評估具有相輔相成的效果，即評估者先由目標中立出發，然後轉移到目標本位的途徑，以確定評估可以決定目標是否達成；或者該兩種評估可分由不同的評估者同時執行（黃光雄編譯，1989：363）。

　　整體而言，該模型或在操作層次上存有瑕疵，不能盡如人意，惟仍不失對評估者產生某種醍醐灌頂之效——概念啓迪。蓋效果導向模型開啓了一扇視窗，使評估者直接尋找方案中實際發生的效果，蒐集和採集現場所發生的一切現象與事物，避免因礙於目標，而導致若干出於預設立場以及先入爲主的偏見萌生。

貳、鑑賞評估

　　鑑賞模型是由藝術教育學者Eisner（1985）所提倡。有關Eisner（1985: 1-11）的教育評估理念之根源，係源於他熱衷探究「藝術」在人類表達以及促成人類了解等方面扮演的角色所致。故而，他認爲不妨將那些評鑑藝術家作品的人士所使用的方法與觀點，應用在教育評估領域。故其畢身職志，乃奉獻於追求一種藝術和人文主義的評估途徑。

　　基本上，Eisner深信評估脫離不了價值判斷。從事評估就勢必要評鑑某種目標、志業或活動的價值。準此，他認爲「評估」一詞比起「測驗」（testing）來得寬廣，故他表示（郭禎祥譯，1991：188）：「評估業已被界定爲是一種對教育有關的現象作價值判斷的過程。測驗則只是爲了作這種判斷而去蒐集資料的工具之一。」另外，他亦對於教育評估只侷限於關注教學結果的作法，不以爲然。實則，教學結果固然重要，然促成此等結果的原因，不可等閒視之。他強調教育評估作爲一門教育志業，就必須聚焦於教室生活的歷程。據此，他援用Stufflebean的CIPP模型，作爲評估教育現象的範疇。

　　復次，他也指出傳統教育評估形式所採用的假定和程序相當偏狹。因爲在科學認識論（科學典範）籠罩下，教育研究的任務乃是把教育實務當作一種「律則性的行爲」（nomothetic activity），亦即可以被法則所駕馭的活動形式，而非一種「個例性的行動」（ideographic activity），亦即受特定情境的獨特性所引領的活動形式（Eisner, 1985: 87-88）。此等觀點反映在教育實務上，就充分展現出追求客觀、量化、控制，與預測等教學與評估的特質。然而在拓展認識論的強烈動機下，他提出一種非科學（藝

術）的教育評估途徑——「教育鑑賞」（educational connoisseurship）與「教育評論」（educational criticism），企圖以此彌補科學程序之不足。此一成對概念，是爲「鑑賞模型」的核心基礎。關於科學的與藝術的評估／研究方法之差異，請參見表3-3的說明。

　　基本上，鑑賞模型和傳統評估模型有兩方面的差異，其一，在數個判斷模型中，它是其中一個專以人類當作一測量工具的模型；其二，該模型乃源於隱喻分析（metaphoric analysis），並且使用藝術評論家的隱喻，爲其基本概念催生（Guba and Lincoln, 1981: 18-19）。

　　深入分析，由於Eisner假定教育改良不能盡是應用科學方法於教育情境中，而是必須促使教育相關人士能夠提升他們察覺自己行爲的能力。故而，就教育領域而言，所謂「鑑賞」乃是一種視覺的藝術，唯有透過鑑賞，我們才有可能如實地捕捉到教育實務的複雜性。所以鑑賞乃是一種捕捉的藝術（appreciative art）（Eisner, 1985: 104），捕捉身歷其境的感受，亦即鑑賞家係根據自身對於構成優越性條件的判斷，孕育一特定的洞見，並輔以質性方法來研究一情境而言（Patton, 1990: 120）。據此，由於Eisner強調評估的主要貢獻在於提升教室生活品質的覺察力，教師和學生因此可以更有智性的悠游於其中。藉由提升捕捉教室生活品質的層次，鑑賞在達成此一目標上便突顯舉足輕重的角色（Eisner, 1985: 92）。

　　Eisner接著又指出：倘若「鑑賞」是捕捉的藝術，則「評論」就是揭露的藝術（Eisner, 1985: 92）。事實上，評論家乃設法以一種生動的語言，勾勒表徵個人的境遇，以便讓鑑賞層次不及評論家的人士，宛若有親身體驗的感受（Eisner, 1985: 105）。故而，Dewey便指出，評論的目標，乃對我們進行視覺的再教育。因此經常會透過隱喻或類比、明示或暗示的手法來協助提升我們的觀察力。職此，我們可以發現「評論」乃爲一種公共的藝術，評論家必須對其境遇加以述說或撰述，而不能獨自默默地沉浸在其境遇當中。

　　評論又可以分爲描述（descriptive）、詮釋（interpretative）和評鑑（evaluative）三大面向。我們在撰述有關一教室、一系列課程，或一學校的教育評論時，就必須描述、詮釋和評鑑我們之所見（Eisner, 1985: 94-

98）。其中描述和詮釋並不涉及教育價值的判斷，而評論家為了能夠勝任價值判斷的任務，就必須在教育理論、教育哲學，和教育歷史方面累積深厚的學養，如此方有餘力以一套教育判準來評鑑其個人的境遇。無論如何，評論家最後都必須對教育實務的特性下結論，並且擬定改進之道。職此，Eisner所稱的評估鑑賞家，根本上即意指他乃一位被評估方案的專家，其不僅仰賴質性方法蒐集資料，並且善用專家的洞察力來整合、詮釋和判斷此等資料。

▣表 3-3　科學的與藝術的評估／研究方法之差異

科學的評估／研究方法	藝術的評估／研究方法
1. 用操作（定義）的方式界定法則與概念。	1. 藝術的、個別的表象方式──如視覺的、聽覺的和推論的語言。
2. 根據效度、人與人間的信度與概括性等規準，評鑑探究的方法。	2. 根據研究者個人感受的與相信的觀點，評鑑探究的方法。
3. 客觀分析可觀察的人類行為。	3. 擬情的投入個人的經驗。
4. 從樣本（個人的集合體）推論到母群體。	4. 從個別的案例推論到母群體。
5. 撰寫報告的格式標準化，表達客觀性。	5. 採個別的形式表達意義；報告的格式視未來的聽眾而改變。
6. 毫無偏見地報導客觀的事實。	6. 選擇性的提出報告與特別強調的要點。
7. 目標在於預測和控制。	7. 目標在於解說與了解。
8. 資料蒐集方法標準化、客觀化。	8. 研究者自己的知覺是主要資料的來源。
9. 情緒是中立的。	9. 在認知方面，情緒是主要的角色。
10.終極的目的是真理，包含奇特性與絕對性的觀點。	10.終極的目的是意義，包含分歧的解釋與相對的觀點。

資料來源：E. Eisner, 1981: 5-9，轉引自王文科，1986：11-12

參、效用焦點的評估

　　1970年代，評估幾乎成為所有公共投資的社會方案，不可或缺的一部分。當然評估者忙於從事評估之際，也日漸關心他們投注的心力究竟可以得到多大的迴響。不過，實際情況並不如評估人員想像中的美好，因為評估報告的資訊經常出現不為人所青睞之尷尬窘境。

　　若干研究者便針對評估效用的問題著手進行調查，結果發現評估者的行為（behavior of the evaluator）乃影響評估效用的核心因素。在眾多影響評估效用的因素中，又以潛在使用者是否全程參與評估，厥為關鍵。這類評估者必須先行確認哪些人士有可能成為評估資訊的使用者，並且強化此等人士參與評估過程，在多方努力合作經營下，聚焦於相關的評估問題，更重要的是必須營造此等人士對於評估結果的擁有感（sense of ownership），以利增進該結果被使用的可能性（Stecher and Davis, 1987: 32-35）。據此，效用焦點取向的評估者，甚為重視潛在的資訊使用者以及渠等使用資訊的方式。

　　基本上，效用焦點的評估（utilization-focused evaluation）是一種統整性的評估。蓋Patton（1997: 23-25; 1987: 103-106）在廣泛檢視目標導向、方法導向、比較導向（comparative-oriented）、判斷導向（judgement-oriented）與決定導向（decision-oriented）等評估途徑後，他特別將方案評估加以重新界定，使其能夠同時滿足特定人士在決策、判斷、比較，或者目標達成等方面的不同資訊需求。值得一提者，有鑑於評估本質乃決定取向，因此他特別重申「評估」與「研究」（research）在資料蒐集的目的與判斷品質的標準上，為其涇渭分明之所在，從而導致兩者在「行動取向」與「知識取向」探究之懸異。事實上，過去的評估研究報告之所以被束諸高閣或低度使用，實難不歸咎於過分重視結論的科學嚴謹性，致輕忽了政策的應用面向（林鍾沂，1994：110）。

　　綜合上述，效用焦點的評估係以意欲使用者的意圖使用（intended use by intended users）作為焦點（Patton, 1997: 20）。至於研究設計和資料分

析技術，抑或目標和目的的澄清等議題，相形之下，似顯非重點所在。職是，該途徑的評估者重視系絡和人際議題（contextual and interpersonal issues）的程度，遠超過研究教條或測量需求，可謂充滿高度屬人性與情境性色彩。這點誠如Patton（1997: 22）所指出的：「效用焦點的評估並非針對任何特定的評估內容、模型、方法、理論，抑或使用作倡導。基本上，它是從旁協助主要的意欲使用者就其特定情境，篩選最為適當的內容、模型、方法、理論和使用。情境的回應性指引了評估者和主要意欲使用者之間的互動過程。」換言之，效用焦點的評估並不排除任何方法論的使用，力求彈性的方法論。準此，Patton（1990: 121）索性以「評估策略」（strategy for making evaluation decisions）來表徵該途徑的實質內涵。

在實際流程方面（Patton, 1997: 376-380），效用焦點的評估之基本邏輯，在應用上是相當彈性而富有創意的。茲為行文方便，列點簡述如下：首先，評估人員必須先行確認評估的意欲使用者，並且與他們共同分享有關評估的重要決定。第二，評估人員與意欲使用者承諾於評估的意圖使用，並且決定評估的焦點；換言之，方案評估的類型必須結合使用者的評估資訊需求（Chelimsky, 1987: 72-99）。第三，我們必須慎選方法、測量與研究設計，亦即有關資料蒐集與分析的方法論方面之議題。第四，意欲使用者積極而直接地參與研究發現的解釋，根據資料進行判斷，並且提出建議。最後一個階段，則是決定有關評估報告公布的廣度，是否僅侷限於當初的意欲使用者，抑或讓若干潛在的使用者亦有機會共同分享成果。

最後，在評估者角色方面，由於這類評估者比起其他途徑的評估者擁有更多機會涉足方案活動，了解方案的實際動態，因此渠等不再僅是一位應用評估技術的專家，而是必須不斷提升自己的敏感性與溝通技巧，以便更能適切地扮演協力者（collaborator）與溝通者之評估角色。

肆、回應性評估

　　追溯回應性評估的發展，當推教育學者Stake（1983）為首席提倡者（Guba and Lincoln, 1981: 23; 1989: 38），由其引介的概念，俟經Guba與Lincoln（1989）加以精緻和細膩化，遂發展出著名的「回應性建構主義式評估」（responsive constructivist evaluation），此即渠等所謂的「第四代評估」，我們擬逐一闡述。

　　根據Stake（1983: 292）之見解，回應性評估的特質在於：「當評估多針對方案活動而非以方案宗旨為導向，復足以回應受眾廣泛的資訊需求，又能夠就人們所持的不同價值觀點來論斷方案成敗，應即為一項回應性的評估計畫。」另就其基本信念而言，該途徑大致的看法是：只有設法從方案利益相關人的多元觀點，來了解一項議題，才能夠使評估深具意義。此乃出於回應性評估者並不相信方案問題僅存在著單一的解答。申言之，由於每一位與方案相關的人士，對於方案親身或間接的感受不盡相同，自然孕育出獨到的看法與觀點，加以每一位相關人所看到的實體皆為等價的前提之下，評估者勢必透過此等個人見解，來描述實體，進而對方案關連問題提出釋疑。由此，足見回應性評估係為一種全觀、動態與多面向的評估，其格外強調對整體方案的關照和檢證。Stake（1975: 14，轉引自Guba and Lincoln, 1981: 29）即指出：

　　　　為了從事回應性評估，評估者構思了觀察和評估的計畫。他安排不同人士觀察方案，透過渠等協助，準備扼要的記敘、描述、作品展示和圖表等。他尋找對其受眾具有價值的議題，從不同個人表達的歧異觀點中，蒐集有價值的表述。當然，他檢驗其紀錄的品質：他透過方案工作者的反應來了解描述的正確性；透過權威人士的反應來了解不同研究發現的正確性；透過受眾的反應來了解研究發現的相關性。這些工作大部分是非正式的——反覆記錄行動和反應。他選擇受眾能夠接觸到的媒

介，藉以增進溝通的可能性與精確性。他或許會準備一份成果
報告——端視他本人和當事人之間的決定而定。

事實上，回應性評估的主旨即是爲特定的人士提供服務。Stake
（1983: 292）說得很明白：「它是一種犧牲某種測量精準，換取提升研
究發現對方案相關人士的效用。」實則，倘若評估者無法深入了解利益相
關人的語言和興趣，融入社會實體參與社會建構，則任何的評估結果可能
都僅流於紙上作業，猶如隔靴搔癢般，抓不出眞正重點。故而，我們絕不
能爲了更嚴密而客觀的報告，而恣意犧牲評估報告對利益相關人的有效
性。準此，回應性評估要求的是滿足利益相關人的需求，而非囿於研究設
計或測量技術上的需要（Stecher and Davis, 1987: 37）。

爲了與傳統的評估途徑作一區辨，Stake進一步將回應性途徑與他
稱之爲「先驗的」（preordinate）傳統評估，分別就彼此的取向、價值
觀點、評估設計的基礎、評估設計的進行方式、評估者的角色、方法、
溝通、回饋時點、回饋形式與典範等層面，加以比較和剖析（Guba and
Lincoln, 1981: 27-33）。

不過，倘若我們能夠深切明白兩者典範乃大異其趣：前者是植基於實
證論典範下的實驗心理學（experimental psychology）；後者經常涉及到
人類學、民族誌、新聞學、歷史學（Stake, 1976: 24）等自然主義的方法
論，便不難窺知兩者在研究程序與操作技術上的差異，從而突顯Stake濃
厚的相對主義認識論觀點。尤其明顯的是反映在有關評估者和利益相關人
之間「溝通」的目的、分量和類別方面的懸殊差異：前者是單向溝通；後
者則是雙向溝通。職是之故，我們可謂評估過程與設計是否保持高度的互
動色彩、是否有彈性修正的空間、是否淡化濃厚的預設立場等，無疑地便
成爲回應途徑與先驗途徑的極大界分。

再就Guba與Lincoln（1989: 38-45, Ch. 7）所作的分類與看法，基本上，
回應性評估和前三代評估所著重的評估焦點——變數、目標和決定等相較
之下，其乃聚焦於利益相關人所確認的有關評估標的（evaluand）之聲明、
關切和議題，並且，要求評估者透過「詮釋辯證之歷程」（hermeneutic

dialectic process），縱深地探索不同利益相關人的觀點，同時藉由新進資訊來回應先前所存在的歧見，在歷經相當程度的衝突與協商過程後，無非期待柳暗花明一刻的到來，亦即於多元觀點間尋求妥協，並且達成階段性的初步共識。

　　當然，Guba與Lincoln（1989: 51-57）對於把利益相關人的聲明、關切和議題，作為評估題材（organizers）的合法性，也作了一些捍衛性的說明。基本上，他基於利益相關人乃瀕臨評估風險的團體、暴露在評估情境之中、是評估資訊的使用者、擴大評估探究的範疇與意蘊，以及教學相長等因素，渠等實毫無理由被排拒在評估過程之外。故而，他指出，為了要跳脫管理的意識形態，審酌多元價值，重新思索評估解釋之本體基礎等厚因，在在都值得我們推介「第四代評估」之理念。

　　事實上，除Stake、Guba與Lincoln之外，其他諸如House（1980）指涉的「交流途徑」（transaction approach）、MacDonald（1974）的「民主評估」（democratic evaluation），Parlett與Hamilton（1977）的「啓迪評估」（illuminative evaluation）（House, 1980: 39-42），以及Patton（1986, 1997）的「效用焦點的評估」等，在概念上均與回應性評估多所雷同神似，畢竟，此等途徑「都隱含了拒斥唯一真理，不認為真理之路只有一條；相反地，卻去擁抱所謂相關的主觀實在，亦即那些需求資訊的人們相關之事物」（Newcomer, 1993，沈清松譯，1993：23-24）。

　　綜上所述，回應性評估的優點在於能夠對多元觀點保持敏感性，並且有能力將曖昧不明或焦點渙散的聲明，加以融合、重組和整編，期以一種完整圓融的角度來了解社會實體，而非遽下結論。然而，若干學者（Mark and Shotland, 1985: 605-626; House, 1993: 121-123, 155-159; Mercier, 1997: 467-475）對於以利益相關人作為評估基礎的作法，多少存有一絲憂心。渠等關心的議題大致包括：如何篩選參與評估作業的利益相關團體、如何維持並確保公平的參賽機會、弱勢團體的聲音是否有人傾聽、不同團體的衝突觀點和利益如何加以整合和排序、究竟能夠容納多少觀點，以及偽授能（pseudo empowerment）等的疑慮，誠值我們加以深究。

伍、批判評估：政策論證

　　實證論典範下的政策分析家，普遍深信科學的政策方法應凌駕於政治決策過程，故其任務就如同社會工程家一般，僅在計算達成合法政治過程所賦予的目標之不同手段的成本和效益。而此等計算方法即我們所熟稔的準實驗研究設計、成本效益（效能）分析法、調查研究法、風險分析，以及多元迴歸分析法等。此等實證論典範下的評估方法，若取其共同特徵，即如江明修（1997：91）所述：「實證論學者相信他們能對真實的世界，作完整而清楚的描述。使用演繹—假設的方法，建立和操作變數之間的邏輯關係，並藉由一次又一次的重複實驗過程，去驗證其效度，藉以提出規則性的通則，以建構一般性理論（general theory）」。

　　然而，固執於政策分析官僚科技取向（technocratic approach），釀成的代價卻是：1.方法論上棄政治議題於不顧，導致政治問題猶仍懸而未決；2.事實與價值二分扭曲社會世界的本質，亦即無視於社會世界本身就是充滿意義的整體；3.事實與價值二分劃清科學與政治社群的界限，根本上即誤解了規範價值對話的本質（Fischer, 1995: 10-17）。

　　Fischer（1995: 6）對於1960年代以來，政策評估將其焦點縮小到既定政策相當狹隘的實際或預期的經驗結果，非常不以為然。蓋其不僅悖離了H. Lasswell等人所標榜的「民主的政策科學」之發展方向，同時這種評估政策良窳的標準並未將競值的價值取向和意識形態納入考量，而端就政策是否符合「特定計畫的判準」作為判斷。從而，政策本身擬定的判準多少提供了一種合法、唯一的基準，以此來決定一計畫是否達成政策目標。

　　有鑑於此，Fischer在其名著《Evaluating Public Policy》（1995）乙書的第一章：「公共政策分析係實際匯談：整合經驗性與規範性評估」（Public Policy Analysis as Practical Deliberation: Intergrating Empirical and Normative Evaluation），開宗明義即指出（P. 1）：「公共政策應該超越經驗性面向的評估——這些問題不外乎是政策是否達成所揭櫫的目標，而應致力於提供一評估政策決定所涉及的價值判斷的分析架構。」易言之，

他將政策評估視爲一「實際對談」（practical deliberation）的形式，其包含了政策判斷上所必須通盤考量的經驗性與規範性議題。

大體上，Fischer上述的觀點可謂依舊延續其1980年出版的名著《*Politics, Values, and Public Policy: The Problem of Methodology*》一書的論點。蓋Fischer擬透過將諸多競值的後設規範途徑（competing metanormative approaches）整合至一統一的方法論體系（unified methodological system）中，萃取包括行爲科學、現象社會學（phenomenological sociology）、一般語言分析（ordinary-language analysis）與政治哲學（political philosophy）等學科的精華並且加以整合，以期提供一政策評估政治方法論的另類基礎（Fischer, 1980: 5）。職是之故，倘若以方法論術語來形容Fischer多年來的努力，則他長年關注的焦點不外乎是有關社會科學的事實與價值之間關連性的問題，包括：價值在公共政策評估扮演何種角色？以及如何在政策分析領域，處理一些表面看似分裂，實則高度相關的經驗與規範探究之課題？換言之，亦即如何從方法論角度，整合事實與價值之間關係的認識論問題。

本質上，批判評估乃一針對單面向（one dimension）的政策評估方法論所作的反思與重建，期使我們爾後在評估政策目標與結果之際，允能拓展評估邏輯的廣度與深度。「所謂批判評估，係指針對政策行動的價值和政策的成敗，透過一有效論證來做廣泛而審愼的判斷及分析。」林鍾沂（1994：124）即抱持上述的看法。無論如何，有關事實與價值之間關係（尤其是事實與價值二分說）的探討，是爲反省方法論發展之濫觴，批判評估亦循此脈絡加以針砭。

在事實與價值二分的方法論觀點下，只有經驗判斷方爲理性的評估，享有絕佳的評估基礎之保障。至於政策價值負載（value-laden）的政治面向乃被視爲是不理性的干擾，恐將危及有效決策的方法論要求。不過，此等觀點在1960年代晚期和1970年代初期開始出現鬆動跡象，因爲若干學者逐漸發現到政策評估狹隘的工具焦點，嚴重漠視了社會問題根本上存在的基本價值衝突，以致無力因應社會問題背後更爲深層基本規範問題（Fischer, 1986: 317）。

　　社會相關性（social relevance）乃是一種方法論議題（Fischer, 1985: 231-234）。政策方法論本身無法觸碰社會世界的規範特質，毋寧是方法論本身隱藏特定偏頗失當之處。故而，如何在經驗與規範觀點之間搭建起方法論規則，是為我們當前所要解決的難題。為此，Fischer試圖透過廣博理性（comprehensive rationality）推演出多元方法論的體系，並將其概念應用在建構一整合性的評估邏輯。

　　換言之，政策匯談的邏輯就是希望將政策評估建立在一種更為廣博理性概念的基礎之上。因之，Fischer擬設計一種能夠系統性地整合經驗性與規範性判斷於一統一架構中的方法論。此一多元方法論途徑（multimethodological approach）的架構，乃建立於試圖拓展理性概念的三種理論成果上，此等理論分別為：Habermas「多元理性」之概念（concept of comprehensive rationality）、Toulmin的「實際論證的非正式邏輯」（informal logic of practical arguments），以及Taylor的「評估對談的邏輯」（logic of evaluative discourse）（Fischer, 1995: 227）。

　　由於實際匯談提供一種評估公共政策問題的多元方法論途徑。該途徑乃從切合特定情境的具體的經驗問題，擴展到有關生活方式的抽象的規範議題。故而，Fischer（1995: 17-23）認為批判評估應該包含四種進階（phases）（請參見圖3-1），分別為：1.技術—分析的對談：方案驗證（technical-analytic discourse: program verification），係利用傳統政策評估行之多年的工具，來衡量方案結果的效率；2.系絡的對談：情境確認（contextual discourse: situational validation），係根據問題情境而生的規範信念系統的架構內，從事詮釋的推理過程；3.系統的對談：社會的確證（systems discourse: societal vindication），係由整個社會系統來評估一個政策的目標是否具有價值；4.意識形態的對談：社會選擇（ideological discourse: social choice），此一對談（discourses）不僅作價值澄清的工作，同時也關切建構與再建構我們生活世界的可能途徑。基本上，這四層進階分別與經驗手段／目標分析、現象社會科學、系統分析與政治哲學等四種社會科學主要的方法論取向相關。每一種方法論在探究上固然均有獨特的貢獻，不過它們均附屬於整體架構中的一部分。

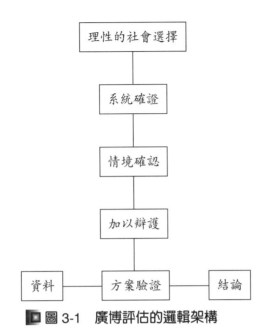

圖 3-1　廣博評估的邏輯架構

資料來源：F. Fischer, 1995: 232

　　實際上，這四個進階所呈現的優先順位並非固定不變，仍可視所欲解決的政策議題之實際面向加以調整。值得強調者，此一政策對談的邏輯係由四層相關的對談組成。每一進階均有其特定的關注焦點。對談便是在這樣一個對話架構中悠遊地展開，從而達成了解與共識的目標（各進階的問題均可視為推展對談探究的指引，請參見表3-4）。

　　職是之故，有效的評估必須深入考量評估的政治／價值面向（Palumbo, 1987: 36-43），政策評估絕不能僅徘徊在政策或方案是否達成既定目標上打轉。批判評估特別強調我們應拉長評估視野，縱深評估內涵，從「點」（計畫是否達成既定目標？）擴展到「線」（計畫目標和問題情境是否相關？）與「面」（政策目標是否對於整體社會有正面價值？構築社會秩序的基本理念是否提供合法解決衝突判斷的基礎？）。Fischer 的「實際對談」，可謂同時包含經驗、詮釋與批判的三種評估途徑。

■ 表3-4　政策問題的邏輯

方案目標：	方案目標是否邏輯上導源於相關政策目標呢？
經驗性結果：	方案經驗上是否實現當初訂定的目的呢？
選案：	達成目標的方案是否比其他選案更有效率呢？
非預期效果：	經驗分析是否發現源自方案的次級系統效果，而這些效果抵銷了其他重要的目的？
相關性：	政策目標是否具有相關性？目標是否在訴求更高的道德或已建立的因果知識上獲得合法支持呢？
多元目標：	是否有兩個以上的目標與情境同樣相關呢？
優位性：	決策者的價值體系是否優位於衝突的判準呢？抑或此價值體系和情境格格不入呢？
系統結果：	承諾決策者基本價值體系而產生的實際結果，是否促進已接受的社會秩序之理想實現呢？
社會公平：	其他能夠反映整體社會系統利益與需求的價值系統所作的判斷，是否認為結果（即效益與成本）應該公平分配呢？
理念衝突：	構成已接受的社會秩序的基本理念，是否提供一衝突判斷的公平解決基礎呢？
替代的社會秩序：	倘若社會秩序無法解決價值體系的衝突，那麼其他的社會秩序是否能夠替衝突所反映的相關需求公平地尋求良方呢？

資料來源：F. Fischer, 1986: 327

　　有關詮釋論典範下的政策評估理論重要特徵，請參見表3-5。

■ 表 3-5　詮釋論典範的政策評估理論

理論模型	主要受眾或參照團體	理論重心	評估者角色	典型問題
目標中立的評估	消費者	政策效果	判斷者	政策的影響層面為何？
鑑賞評估	鑑賞家／消費者	評論／標準	判斷者	評論家是否贊同此一方案？受眾的鑑賞能力是否提升？
效用焦點的評估	評估資訊的意欲使用者	評估效用	協商者	意欲的資訊使用者有哪些？何種資訊對渠等最有助益？
回應性評估	服務對象	個人理解	諮商者／輔助者	方案的利益相關人有哪些？渠等對方案的看法如何？
批判評估	決策者／公眾	評估邏輯的反思與重建	判斷者	政策的經驗與規範基礎何在？政策是否建立在廣博理性的基礎上？

資料來源：作者整理

CHAPTER

4

政策評估方法

- 第一節　實證論典範的政策評估方法
- 第二節　詮釋論典範的政策評估方法

　　就評估的技術層面而言，典型的分類方式，係區分為量於質的評估方法。量化的評估方法，如結構性的問卷調查與實驗設計（experimental design），普遍受到實證論者的喜愛；至於詮釋論者，則偏好使用如深度訪談與參與觀察之類的質性評估方法。惟量與質的評估方法，並非全然各自屬於實證論與詮釋論的陣營之下，只不過彼此對於兩種評估方法的偏好，有其不同的程度罷了（江明修，1997）。

　　本章沿襲前述，擬將各種常見的評估方法，區分為實證論與詮釋論兩大陣營，各自就其意涵、操作步驟與優缺點，進行扼要說明，以利於後續章節中，系統性地鋪陳兩種典範下的評估邏輯。

第一節　實證論典範的政策評估方法

　　實證論者強調信度、效度與客觀，著重如何使研究能符合科學標準程序，因此偏好使用量化的評估方法。大抵上，量化研究的最大特色，乃其設法將資料蒐集的面向，侷限於預定的、標準化的回應範疇，如此所有的方案參與者，便能就預定分析範疇內所設定的標準化尺度（standardized scales）之相同題目予以回應，是以評估者重視調查、實驗、結構性的觀察等「非人的工具」（nonhuman devices），俾便於資料的統計分析。

　　茲以調查研究法（survey research）、實驗設計、社會指標法（social indicator）、交叉影響分析法（cross-impact analysis）、目標達成矩陣法（goals-achievement matrix）、層級分析法（analytic hierarchy process）、成本效益分析（cost-benefit analysis）與成本效能分析（cost-effectiveness analysis）為例，加以說明。

壹、調查研究法

　　調查研究法係以問卷詢問受訪者意見的一種評估方法。此法的歷史由來已久，早在古埃及時代，統治者就利用這項技術來治理他們的領土。

然直到本世紀，隨抽樣方法、問卷設計、面訪，以及資料分析與解釋等技術的日益精進，調查研究法才逐漸取得社會科學的「科學」研究方法之地位，並且廣受社會科學領域普遍採用。就政策評估領域而言，評估者可以透過某種調查方式，慎選具有代表性的樣本，設計精密的問卷，來了解民眾對政府施政的滿意度情況，俾作為政策成果以及日後政策修正的參考。

　　根據Kerlinger（1973: 410，轉引自林新發，1991：256）的說法，調查研究法係指根據選擇之大小母群體或母群體所抽選出來的樣本，從事探求有關社會學變項與心理學變項的事件發生、分配及其彼此相互關係的一種研究法。換言之，評估者在評估一項政策時，經常涉及眾多的政策利益相關人，以致無法直接接觸母群體，而必須設法從母群體中抽選出具有代表性的樣本，並針對某一樣本的受訪者進行問卷調查，以測知這群受訪者對於政策的實際觀感，並進一步從該樣本中去推論政策的整體績效。調查研究法也就是希望由隨機樣本的特性，反映大量母群體的特質，作為評估政策結果的依據。

　　政策或方案的影響範疇甚廣，我們甚難以普查方式進行調查，而調查研究法尤其適合採用大樣本，因此只要謹慎使用隨機抽樣法，設計精密問卷，就能產生「見微知著」的推論效果。是以，調查研究法透過「化約」方式，企圖從社會實體中，抽離出一或數變項，釐探此等變項間的關係，並以此歸納律則性的因果法則，其旨在於描述、解釋、預測與控制客觀的社會實體。此乃邏輯實證論典範典型的「假設─演繹」的邏輯思維模式。茲將調查研究法的流程，分述如下：

一、問題意識與問題的形成

　　評估者可由政策或方案揭櫫的目標或目的為導引，或尋找類似案例的政策績效，甚或由社會科學理論推演相關的績效問題，以形塑問題意識，並作為發展評估問題的良好題材。

二、將若干詞彙或術語概念化和操作化

　　評估者界定欲擬評估的問題後，尚須進一步將評估問題所涉及的諸多變項加以控制和釐清，並賦予其操作性定義，以利發展後續研究問題的假設及其驗證程序。

三、擬定研究設計

　　評估者要採用何種調查研究法呢？基本上，問卷調查法包括自填問卷法、訪問調查法和電話訪問法三種，各有其優劣，必須視評估目的、經費、時限和議題等因素而定。評估者界定好母群體之後，尚應決定抽樣方法，並設計問卷以對受訪者進行施測。

四、進行資料蒐集、處理、分析與解釋

　　為了達到理想的問卷回收率，以利進行統計推論，評估者必須跟催回函，提升樣本的代表性。俟後，評估者必須就手邊的資料加以編碼、電腦處理和解釋。在解釋資料時，評估者必須考量調查研究法的限制及研究發現能被確認的影響程度。

五、撰寫研究報告

　　研究報告的內容應包括前言、研究概念的解釋、研究方法、資料分析結果，與結論等五大項。依據研究結果和發現，提出結論，以了解施政成果並且作為未來政策修正的參考。

　　一般而言，調查研究可以分為三種基本類型（Babbie, 1995: 258-272），即自填問卷法、面對面訪問法與電話訪問法。其中，自填問卷法包括典型的郵寄問卷以及研究者親自遞送問卷兩種方式，不過問卷都必須由受訪者自行填答；面對面訪問法係由訪員用口述的方式發問，並記錄受訪者所回答的答案；電話訪問法則以電話進行訪問。茲將三者扼要說明如

下：

（一）自填問卷法

　　問卷是蒐集問題，製作而成的一份量表。其乃研究者依據其所要研究的主題，設計成諸多問題，而以郵寄或親自遞送方式，請受訪者依說明填答的一種形式。在問卷設計方面，其可分為封閉式、半封閉式與開放式（open-ended）三種問卷類型。其間差異在於研究者對於研究問題是否設計好預設答案，倘若研究者事先設計好固定的回答模式，直接供受訪者選填，即為封閉式問卷；反之乃開放式問卷。至於一份問卷兼採兩種設計者，則為半封閉式問卷，實證論典範的評估者偏好使用封閉式問卷。

　　採用郵寄問卷法時，研究者必須注意回收率情形，因為回收率涉及到樣本是否具有代表性的問題。Babbie（1995: 262）提供了一個參考數據，他認為至少要百分之五十的問卷回收率，方符資料分析的最低標準。故而，研究者必須設法追蹤郵寄問卷，因此諸如慎選研究問題與調查對象、提高問卷設計品質、列出贊助問卷施測之單位或個人、增強填答問卷之誘因、附上信函及回郵信封、考慮郵寄的方式和時間，以及適時寄發催覆信函等，都是可供參考的作法（林新發，1991：264-266）。

　　採用問卷調查法的優點在於：經濟性、效率高、避免訪員不同而造成的偏差，以及具匿名性，而得以使受訪者接受較為敏感問題的詢問。惟其缺點是問卷回收率低、無法探求問題背後的深層結構，以及未克控制訪問情境等。

（二）面對面訪問法

　　面對面訪問法乃訪員就研究主題有關的問題，以口述的方式當面詢問受訪者的觀點，並記錄其反應。由於是直接接觸受訪者，因此回收率就比郵寄問卷的方式來得高，受訪者對於問卷中題意不明者，也可當面請教訪員。訪員在受訪者作答時，亦可對其做某種程度的「參與觀察」，記錄受訪者個人背景的若干特質。

　　據此，訪員扮演的角色就相當重要，因為訪員的態度多少會影響樣本受訪者的回答意向，進而影響調查的結果。故而，訪員必須堅守中立的立場，熟悉調查的問卷，用字遣詞要嚴謹，正確地記錄答案，能夠適時地針對受訪意見追根究底，即便在穿著儀態方面亦應講究，這些細節都有賴事前的周詳準備。

　　面對面訪問法不僅回收率較高，填答較為完整，抽樣和特殊觀察較有彈性，曲解問題的發生率較低，同時也能夠加深資料的深度，此均為其優點。不過，訪員本身的個別因素，如詢問態度方式不一，很可能也會影響到研究發現的可靠性；面訪缺少匿名性，受訪者的回答自容易多所保留；所耗費的時間金錢也頗為可觀；訪員本身的安全，也多少令人擔憂，此等因素均為該法的缺點。

（三）電話訪問法

　　早期電話訪問法備受爭議之處，在於當時電話並不普及，恐將在社會階層產生相當程度的偏差。不過，電話日益普及之後，加以運用先進的電話抽樣技術，早期的顧慮業已消弭。

　　電話訪問的最大優勢是節省時間和經費，同時，訪員沒有當面接觸受訪者，所以不致有造成刺激或缺乏標準化的情形出現。然而，一旦受訪者掛掉電話，拒絕訪問，便形成電話訪問的困擾。

　　整體而言，調查訪問法在描述一個大樣本的特徵時，頗有助益。畢竟，受政策或方案影響的標的團體或利益相關人為數眾多，評估者無法鉅細靡遺地探求此等人士的觀感，因此必須透過問卷，就慎選的樣本進行施測，以勾勒出一般民意取向之概觀。不過，調查研究法並無法深入問題核心，評估結果不免流於表面。值得強調者，調查研究法的設計邏輯乃是由理論出發，研究設計深受理論架構的牽制，致使研究過程本身充滿評估者的偏見、假想，與僵化色彩。由於，「理論」領導「事實」，「預設」優位「真相」，社會實體不免有遭受扭曲之虞。準此，調查研究法可謂相當缺乏彈性，蓋其不僅悖離社會系絡的脈動，對於現場所察覺的重要線索，

也只能坐視旁觀，乏能即時因應，此皆爲實證主義方法論的結構缺失所使然。

貳、實驗設計

　　由於早期的政策或方案評估學者，著重評估方法的科學嚴謹性，實驗設計的高度客觀分析色彩，使其長久以來在評估領域大行其道。實驗設計法最終目的，在於觀察政策或方案行動與結果之間的因果關係。其基本原理通常係由研究者愼選兩個組別，一爲接受某種處理的實驗組；另一爲不接受處理，甚至設法控制或排除（如隨機分派或配對）若干無關的干擾變項之控制組。而後，觀察這兩組樣本的有關反應，並且加以比較，所得出的結果不僅可以測知該處理的影響效果，尚可將此一結果推論到其他場域之中。

　　實驗設計因設計概念的不同與控制嚴謹度的差異，大體可以分爲前實驗設計（pre-experimental design）、準實驗設計、眞實驗設計三種（Campbell and Stanley, 1963: 6-38）。其中，前實驗設計的設計方式頗爲粗糙，缺乏專業研究的性質，效度也較差，一般鮮少被推薦使用。至於眞實驗設計和準實驗設計之區別，端視實驗者能否有系統的操控自變項、能否隨機分派受試者到不同組別，以及能否如計畫控制實驗偏誤之程度而定（林清山，1991：319）。不過，這兩種設計的目的，皆在提升政策或方案評估結果的內在效度（internal validity）。

　　上述三種設計類型，尚可就排除無關干擾變項之不同功能，再加以細分爲諸多類型。關於此等實驗設計的諸多類型及其優缺點，Campbell與Stanley（1963）以及王文科（1991：94-125）均有詳細的介紹。本文強調的是實驗設計在政策評估領域的應用，故設計類型必須搭配政策或方案的性質而定，因此我們擬根據Rossi與Freeman（1993）所作的分類，分別就「不普及的方案」（partial-coverage programs）與「普及的方案」（full-coverage programs）所適用的設計概念與控制類型，逐一加以闡述。

　　基本上，選擇影響評估的策略，我們必須先行分辨政策或方案的輸送對象是否及於標的人口的每一位成員。倘若方案係以幾近可能性及於全部的意欲標的人口，這類型的方案即所謂的「普及的方案」。誠然大部分的方案係屬於這樣的類型，惟有些方案很可能有一部分的標的人口拒絕參與，或根本不知情有參與這回事，或資格不符，抑或輸送系統出了問題等因素，以致被排除在方案內容之外，因此這類型的方案我們稱之為「不普及的方案」。事實上，設計影響評估之所以要考量方案實行的廣度，乃因其將涉及到後續有關如何建置控制組以及比較政策或方案效能之基準等問題。

一、不普及方案的設計（Designs for Partial-Coverage Programs）

　　實驗設計之目的乃試圖在政策行動與其自身造成的結果之間，造成極大化的差異，所以評估者必須有系統地操縱政策行動，期能獲得有關政策結果改變的確切資訊（Dunn, 1994: 349-350）。由於不普及的方案存在一小部分的標的人口並未參與政策或方案，因此，和普及的方案鮮能找出一定數額的落單參與者比較起來，評估者自可輕易地建置控制組，以利在和實驗組的比較過程中，了解政策行動本身的成效。

　　就實驗設計的類型而言，真實驗設計乃一種最強而有力的設計形式。蓋其特別強調隨機分派的程序，可以有效降低內在效度的干擾，故為評估方案淨效果的最理想設計。對於不普及的方案而言，其固利於控制組的建構，但並非均可以隨機的方式把受試者分派到不同的組別接受不同的處理。在此情形下，該方案的研究設計又可再細分為「真實驗設計」與「準實驗設計」，其間之差異在於隨機分派的有無。

（一）真實驗設計

　　採用隨機實驗法，僅係建置或確認控制組與實驗組的其中一種方法而已（Rossi and Freeman, 1993: 265）。此乃因在不普及的方案中，可以直

接比較參與受試與拒絕受試兩種人士之間存在的差異情形，因此干預的淨效果得藉由比較而明朗化。

　　大部分的隨機實驗的設計，至少均於干預前後的兩個時點，分別進行結果的測試。然某些情形下，事前的測試有時並不容易進行，只能單憑事後的實驗。儘管測試的時點會因個案條件而異，惟僅不普及的方案方有機會應用到隨機實驗。蓋真實驗設計的基本特徵，在於將受試者隨機分派到實驗組與控制組中，分別接受不同的處理，著重實驗組與控制組的相等性。因此，倘若隨機分派嚴謹確實，則同樣的外來干擾因素自然平均散落於不同組別的受試者，在受試者皆為同質的情形下，無形中即提升實驗設計的內在效度。

　　就隨機實驗的邏輯而言，實驗組和控制組之間的差異情形，多少涵蓋研究過程不易避免的設計效應（design effects）帶來的影響。傳統上對於實驗前後（before-and-after experiments）進行測量所作的統計推論檢定，係透過變異數分析（analysis of variance）與t檢定，來判斷其間差異是否肇源於設計效應以外者（Rossi and Freeman, 1993: 268）。

　　不過，大致說來，內在效度乃解釋實驗結果的最基本要求。原則上，內在效度愈強者，我們在宣稱政策輸入乃造成政策輸出的結果時，對於上述的因果推論便愈有把握（Dunn, 1994: 351）。換言之，許多可能影響到上述因果推論的外在干擾因素都必須事先加以排除。至於此等影響內在效度的因素，大致上包括（Dunn, 1994: 351-352）：歷史（同時事件）、成熟、自然趨勢、測試、測量工具、受試者亡失、選樣偏差、統計迴歸等。

　　在對前瞻的國家政策進行大規模的實驗時，評估者通常希望能夠將實驗結果推論到其他母群體，此即所謂「外在效度」（external validity）的問題，包括施測的反作用效果、霍商效應（Hawthorne effect）、「選擇」與「實驗變項」的交互作用、重複實驗處理的干擾等因素（林清江，1991：335-336），都會影響到實驗的可通則化程度，此等威脅外在效度的因素，研究者必須透過不同類型的實驗設計，設法加以減低。

　　整體而論，由於真實驗設計僅能應用在不普及的方案中，加以尚須

仰賴標的團體和利益相關的合作，時間成本的耗費也頗為可觀，復考量以人類作為實驗主體所涉及的倫理問題等因素，似不利於在真實的政策情境中供評估者採用。尤其該設計係在一種虛擬的情境中進行實驗，研究發現鮮能反映現實生活，無怪乎有關可推論性或外在效度的問題，不禁令人質疑。此外，在方案發展的初期階段進行之，亦容易使隨機實驗的觀察成效大打折扣（Rossi and Freeman, 1993: 290）。不過，若就評估干預的淨影響（net impact）而言，隨機控制的實驗確實是最強的研究設計，自無疑義。

（二）準實驗設計

準實驗設計也經常被使用在不普及的方案中，它和真實驗設計一樣，都有實驗組與控制組的安排，不過卻缺少真實驗設計所必備的隨機化程序，因此相較之下，準實驗設計的內在效度就薄弱許多。由於該設計不擬將標的團體隨機分派到不同組別，因此必須設法仰賴其他的資料分析技術，以排除無關干擾變項的影響。

大體上，測量準實驗設計的影響評估之方式，和隨機實驗的作法頗為類似，其間最大差異乃在於準實驗設計多了一項可能發生偏誤的機會，此即有關不同組別先天存在的成員差異（selection bias）問題。為了克服這項差異造成的偏誤，評估者通常可以藉由「配對」（matching）或「統計修正」（statistical adjustment）兩種控制方式，試圖消除不同組別成員在相關特質或經驗方面的差異。儘管兩者在程序上有別，但是背後邏輯和概念上卻都是一樣的（Rossi and Freeman, 1993: 314-315）。蓋無論是配對或統計修正，其目標都在拉近不同組別之間的可比較性（comparability）之距離，避免評估結果的測量受其左右，導致淨影響的評估結果令人質疑（Rossi and Freeman, 1993: 298-299）。

準實驗設計又可分為四種類型（Rossi and Freeman, 1993: 303-322），它們分別是：透過配對所建構的控制組（constructing control groups by matching）、統計程序使等組（equating groups by statistical procedures）、迴歸不連續設計（regression-discontinuity designs）、一般控制（generic controls），茲分述如下：

1. 透過配對所建構的控制組

一般而言，準實驗設計最常使用配對方式來建構控制組。在無法使用高等統計（high-powered statistical procedures）的環境下，尤受歡迎。

由於準實驗設計缺乏隨機化的程序，因此在進行對照比較時，必須建構一具有同質的控制組，以使比較基準趨於一致。因此，配對這道程序即是於進行干預之前，有目的地讓接受與未接受干預的成員，拉近兩者的主要相關特質，此即為建構「平行」（parallel）控制組之過程。

進行配對必須有所根據，如何選擇具有關鍵的特質，至為重要。Rossi與Freeman認為必須根據先驗知識，以及對社會過程具備理論性的了解。渠等並且列舉出設計一建構的控制組可以依循的若干特質，包括個人特質，如年齡、性別、教育程度、社經地位等；家庭特質，如生命循環階段、人數、兒女數、社經地位等；有組織的單位之特質，如規模、層級分化程度、分支機構數目、不同職位角色的數目等；社區的特質，如人口密度、成長率、土地面積、人口多寡等，均可供我們在配對時參考。

2. 統計程序使等組

此類型亦設法使政策或方案的參與者與非參與者特質等同，且強化兩者之間可比較性的一種作法。事實上，前述的配對建構方式並不是很理想的作法。蓋即便各組在配對變項方面完全相等，依舊無法保證在其他重要變項方面完全相等。抑且，一旦處理組別數較多，配對的進行就變得格外複雜。更何況配對過程涉及到哪些相關變項，事先並不容易得知（Babbie, 1995: 239-240；林清山，1991：326）。因此，另一種作法就是使用「統計控制」來使控制組等同。

基本上，統計控制乃透過一種多變項（multivariate）的統計程序，完成不同組別同質的目標，例如使用多元迴歸（multiple regression）、變異數分析、共變數分析、對數線性模型（log-linear models），抑或選

擇偏誤途徑（selection bias approach）之類的統計技術，皆可將自我選擇（self-selection）的效應，排除在淨方案影響之外。至於選擇何種多變項技術，則必須視問題本質和使用的測量種類而定。

3. 迴歸不連續設計

　　迴歸不連續設計和隨機實驗最為接近，也是在估測精確的淨效果。根據Dunn（1994: 385-393）的說法，迴歸不連續設計乃透過圖示和統計上的程序，計算並比較實驗組和控制組在政策行動下，所產生的結果之估測。

　　迴歸不連續設計適用於社會實驗的特定重要類型。這類型的實驗乃是由於輸入面的資源稀少，無法滿足標的團體的每一位成員，在需求大於供給的前提下，僅有少部分的標的人口能夠受益，又政治和道德上都不允許隨機化的情形下，此際，我們如何確知所分配的資源是否和收受資源的標的人口之未來某種成果相關呢？

　　迴歸不連續設計的重要概念在於「中斷關係實驗」（tie-breaking experiment）。舉例而言，倘若要頒發一筆獎學金，在受獎人數有限額的情況下，我們只好根據入學考試的成績作為篩選標準，因此選取96分以上者頒給獎學金，而89分以下者則不給予獎學金。為了解頒發獎學金與學生未來的成就表現是否高度相關，擬將90分至95分之間的學生，隨機分派至頒給與不頒給獎學金的兩組之中（此即中斷關係實驗之概念），從而可以估測獎學金的頒發是否對爾後學生的成就表現產生影響。以此例而言，倘若缺乏中斷關係實驗，我們似乎只能被迫選擇最頂尖的學生進行實驗，比較的基準就容易出現爭議。

　　此一設計的原則亦強調利用統計技術來調整組別差異，不過，鮮有政策或方案能夠有一精準、明確而一致的規則，以此篩選接受處理的標的團體。復次，評估者也必須具備深厚的統計應用技術，如此即不免限制該設計的應用。

4.一般控制

　　一般控制係由某種測量所組成，此等測量足以反映未參與受試的標的人口的典型表現。通常一般控制包括人口統計測量，如年齡、性別、收入、職業等；某種特質和過程的分配，如出生率、死亡率、性別比率、勞動力人口分布情形等，以及上述測量所衍生的統計資料。此外，各種心理測驗的標準和常模（norms），如智力測驗，亦包括在內。此等聚集測量（aggregate measures），可以充分作為代表「控制組」結果的測量。換言之，藉由一般控制所提供的資訊，我們便可估測在沒有干預進行的情況下，整個局勢自然演變的情形。

　　然而，一般控制卻因存在著有問題的適當性（questionable appropriateness），故宜於找不出其他建置控制組的方式時使用。

　　職是觀之，準實驗設計的最大優點是設計方式的自然化，評估者應用於現實生活中似乎也較為實際可行。雖然在內在效度上較為薄弱，不過它仍設法藉由相關的統計調整技術，來彌補無法隨機化的缺憾。

二、普及方案的設計（Designs for Full-Coverage Programs）

　　實驗設計的重要觀念乃實驗組與控制組之間的對照比較，因此建構控制組就顯得相當必要。不過，有些情形並無法出建構控制組，尤其是絕大部分的社會政策或方案，都能夠涵蓋到所有的標的人口。因而，當政策或方案的輸送系統業已及於所有標的人口，或是未接受處理的標的人口不足一定的數額，都無法進行類似真實驗設計或準實驗設計般地對照。這時候評估者似乎僅能訴諸干預前後的改變，觀察其間的差異。這種將標的團體接受干預造成的前後改變作為控制組的設計，Rossi與Freeman（1993: 340-351）稱之為「反射性控制設計」（reflexive control design）。這類設計乃推定觀察前後所發生的任何改變，皆為干預本身產生的淨效果。

　　不過，有時普及的方案會因執行階段出現偏差（處理強度程度上不一），而無法產生「普及」的效果，從而導致政策在區域和區域之間出現不一致的情形，這並非當初規劃者始料所及的。然而，評估者卻會好奇地

想知道，方案變異究竟導致效能產生多大改變。此際，評估者可以透過橫斷研究（cross-sectional studies），了解同一時期各種社會現象之間的相互關係，並針對不同等級的輸入面與輸出面之間的關係強度，加以測量。

　　倘若普及的方案大致上並無發生上述的變異情形，影響評估就必須仰賴反射性控制設計。基本上，該設計乃把標的團體本身當作控制組。惟忽略無關干擾效果可能混淆淨效果，通常得到的評估結果可謂相當薄弱，缺乏干預與結果之間因果關係的確切證據。換言之，反射性設計最大的偏誤，即為處理期間其他過程產生的效果（effects of other processes at work during treatment）。

　　根據觀察次數的不同，反射性設計又可以分為三種類型，即簡單的受試前後之研究（simple before / after studies）、複雜的重複測量之反射性設計（complex repeated-measure reflexive designs）與時間序列評估（time-series evaluations），我們分別加以說明如後。

（一）簡單的受試前後之研究

　　簡單的受試前後之設計，即一般通稱的「單組前測─後測設計」（the one-group, pretest-posttest design），它包含四項步驟（王文科，1986：97）：1.實施前測以測量依變項；2.施與受試者實驗處理；3.實施後測以再一次測量依變項；4.應用適當的統計檢定，決定其間的差異是否顯著。

　　這種設計方式乃針對標的團體參與方案前後的兩個時點進行測量，其間差異即為淨效果的估測。由於我們無法分辨淨效果是否尚摻雜了外在因素效應，亦即兩次測量之間可能因為某種介入，而模糊了方案效果，造成因果關係為之中斷，例如與年齡有關的行為、長期趨勢潛在的改變、兩時點之間可能的干擾事件等，都會滋生評估者判斷上的困擾。尤有甚者，當方案業已存在某段時間，此際，事前測量似乎僅能依靠受試者盡力「回憶」干預之前的情狀。然仰賴回憶的作法，可靠性自是可想而知的，由此可見，該設計在效度上可謂相當拙劣。

　　不過，該設計誠可協助評估者決定政策或方案是否值得進一步評估，並尋找可能有助方案成功的其他變數，亦可爲後續更爲嚴謹的評估設計作好鋪路工作（Posavac and Carey, 1992: 155-157）。整體而言，該設計比較適合於短期的影響評估（Rossi and Freeman, 1993: 343）。

（二）複雜的重複測量之反射性設計

　　在特徵上，這類型的設計指涉次數有限的重複測量，同時也不施以前測。原則上，它乃週期、重複地針對同一組進行測量，蒐集不同時期相同樣本的資料，故又名「同組研究」（panel study），基本上是單組前測─後測設計的一種擴充。由於該設計增加了多次測量，故研究發現似乎也較爲可靠。

　　此種設計尤其適用於標的團體接受不等程度的干預，亦即所謂「不一致」（non-uniform）的方案中。因爲接受干預程度的不同，抑或標的團體參與程度有別，都可能影響到最終的測量結果。倘若此等關確實成立，評估者對於研究發現就會更具信心。典型上，該設計可用來研究學生觀看不同時間長短的暴力電視節目，究竟對其後的侵略性格，產生多大影響之問題。故而，同組研究不僅可作趨勢分析，更可以進一步作異動分析（turnover analysis），即探究同一標的團體內部的轉變情形（李沛良，1988：335-337）。

（三）時間序列評估

　　時間序列係依照時間先後分類的統計序列。通常影響時間序列的成分有四，即長期趨勢、季節變動、循環變動、不規則變動。在實際應用上，該設計尤其適用於縱貫研究（longitudinal study），亦即研究諸多變項在不同時期的變化情形，當然亦可將此種趨勢加以外推（trend extrapolation），故而政策分析家也樂於以之預測政策的未來（Dunn, 1994: 203-206）。

　　時間序列的設計對於普及方案的估測，尤其是政策或方案在執行、輸

送一致的前提下產生的淨影響之改變，具備高度的應用價值。最典型的個案實例，乃研究1956年美國康乃狄克州（Connecticut）所推動的車速限制計畫（crackdown on speeding），對於車禍死亡率造成的影響（Campbell, 1988: 266-272）。

　　評估者使用該設計時，必須先行分析干預之前的一系列趨勢。一般而言，這種趨勢通常透過高度的聚集資料（highly aggregated data）呈現，表徵某一範疇甚廣的政治轄區，就某一主題所計算出來的平均數或比率，諸如出生率、死亡率、犯罪率等。由此等統計資料，評估者便可推估在沒有干預的情形下，實際可能發生的情況。其後並將此一推估與干預後的實際趨勢作一比較，同時透過統計檢定的方式，決定此等干預後產生的改變是否迥異於先前估測的結果，以此斷定干預效果的有無。易言之，其具體步驟可以分為以下四點（Knapp, 1977，轉引自Posavac and Carey, 1992: 162）：1.界定單一觀察單位；2.進行多次量化觀察；3.每隔一段時間觀察一次；4.此等觀察必須在干預前後為之。

　　據此，評估者能否正確地建立干預前的趨勢，是為諸多序列設計類型的最大限制，倘能滿足此一條件，則該設計當推普及方案最有力的檢視工具。

　　整體而言，評估者將實驗設計的理念應用在政策或方案評估之領域，經常會面臨到一些無從比較或比較基準過於粗劣的困境，評估者思考若干替代改進之道，試圖滿足或趨近評估研究的科學嚴謹性。因此，實驗設計的評估者經常信誓旦旦地宣稱他們「驗證」了某種結果，不過，從方法論角度評析，實驗設計卻存在如下缺失：

　　1. 政策情境乃多因多果或互為因果的關係。評估者由於先驗知識的匱乏，即貿然決定變項的操控方式，極易使研究成果流於膚淺、粗糙。加以實驗設計並無法徹底抽離此等干擾因素。故而，在釐清諸多變項關係殊無可能的前提下，實驗設計化約社會實體的企圖，不幸陷於見樹不見林之窘境。

　　2. 社會實體是人與人之間互動建構的。這種互動式的社會建構觀，

格外強調社會實體錯綜萬端的特性，以及充滿流變、演化、獨特與個例等特質。然而，由於實驗設計的過程一不經意便會滋生霍商效應，加以人為造作的高度色彩，在在造成了該設計研究成果生硬移植的困難，亦即所謂「橘於淮為枳」的道理。在通則化無法建立的情形下，自當嚴重損及實驗設計的評估的效用（evaluation utilization）。

3. 理論引導實際，主觀研究色彩凌駕於客觀研究的目的。實驗設計屬於一「假設—演繹」邏輯的思維方式，評估者並未深入現場，即把社會實體預設好可能的框架，透過某種假設檢驗程序，試圖「客觀地」驗證此一框架是否成立。然從整個研究流程觀之，其並未深入社會實體，甚至還有扭曲實體之嫌。由於未接觸實際情境，何來「發現」之有，充其量只不過是在既有的知識基礎上打轉罷了。換言之，理論的預設掩蓋了實際的探索，研究方法駕馭了問題的真相。

4. 實驗設計是一種方法導向的評估（Chen, 1990），側重因果關係的探究。惟其並無法釐清其間因果關係的轉換歷程，在抱持一種「知其然，卻不知其所以然」的黑箱（black box）作業心態下，Chen即批評此舉無助於方案的改進。尤有甚者，實驗設計漠視轉換歷程的作法，不僅使研究發現流於表面（江明修，1997：93），抑且有片段解釋，自圓其說之虞。

參、社會指標法

一般所謂的「指標」（indicator），通常是指將政策之目標加以量化，俾使我們衡量目標達成的程度，因此它不僅是衡量政策目標的標準，同時也是分析、推介、執行，和評估公共政策之有力工具（伍啟元，1988：117）。指標當然不限定於量化指標，也包括質的指標，如公平、正義、參與等，即屬於主觀性很強的指標，通常也只能以質的指標加以說明（伍啟元，1988：148）。最重要的是，指標本身可以幫助決策者了解政策的變化，適合作為政策的初評使用。蓋藉由其所測得的數值，透過高等統計的分析，我們更可進一步探究影響政策成果的主要因素。

　　「社會指標」是眾多指標中的一種，它可以用來衡量一個國家達成其所擬定的社會目標之程度。例如，一個政府推動人口節制的政策時，即可以人口出生率作爲政策成敗的指標；同時它也能反映出社會的局部需求，例如，從嬰兒夭折率的高低，便可以判斷某個社區對胎兒期的服務是否周延，亦即作爲需求評估的一項指標。不過，大多數的看法認爲，社會指標乃一種衡量社會變遷或社會發展的一種時間序列的統計（伍啓元，1988：143），其不僅有助於我們了解社會變遷的趨勢，亦可作爲政策監測之工具。

　　職是，社會指標的特點有三（丘昌泰，1995：156）：其一，它是一種分析或描述主客觀情況變遷之技術；其二，它是一種時間序列的資料，可以透過長期的比較與分析；其三，它具有評估政策效果的作用，可以對公共政策影響社會之狀況加以陳述。換言之，大部分的社會指標皆具有目標導向性、政策相關性（policy-relevant）、變遷導向性（change-oriented），以及表徵主客觀社會條件的特性（Dunn, 1994: 347）。

　　社會指標橫跨諸多領域，包括健康保健、公共安全、教育、自然環境等。其中，健康保健的指標如州立精神病院的病患人數，公共安全的指標如害怕夜晚獨行的人數，教育指標如二十五歲以上高中畢業人數，自然環境指標如空氣污染的指數。不過，就指標建構的過程而言，評估者的首要任務就是要先行確認評估項目。基本上評估項目必須符合表面效度（face validity），同時也要考量此等項目所存在的變異程度（amount of variance）（Babbie, 1995: 164）。茲以「環境指標」爲例，闡述指標的建構步驟與流程（胡志平，1988：12-15）：

一、評估項目之確定

　　評估項目之選擇宜從多樣化與多次化著手，一般之生活環境皆無一定之定義，故可藉諸評估階層結構加以認知與界定，選擇項目時須考慮計測變數與計量單位。

二、考量評估方法

評估項目確定後，則必須考慮評估方法，一方面可從計測項目設定考量（如風向、面積、音量等），另一方面則考量計量單位（如m/sec、坪、dB），其作業程序為：

1. 計測項目之確定。
2. 計測方法之確定。
3. 處理方法檢討。

三、尺度化

透過意識調查，可得不同評估項目之計量值（如ppm、dB），由於單位不同，不易進行綜合分析。透過尺度化，使不同評估項目皆處於同一尺度加以比較。

四、綜合化

尺度化為單一屬性之處理，為求綜合評估生活環境品質，須從多重屬性綜合衡量生活品質，一般綜合化之構想與方法，多從單一價值函數（value function）或效用函數（utility function）或損害函數（damage function）綜合而成多屬性效用函數（multiattribute utility functuon）之觀念，而以效用價值衡量。綜合化依綜合目的性質，可分為三類：

1. 評估項目綜合化（aggregation of items）：評估項目綜合化，是將個別項目依其權數複合成綜合評估指標，此指標之理念乃依據多屬性效用函數或綜合價值函數觀念，關鍵在項目間（屬性間）相對重要性之決定。

2. 時間綜合化（temporal integration）：都市唯一動態成長趨勢，尤其在經濟成長、醫療分析與社會現象之探討，必須考慮時間之綜合化。

3. 空間綜合化（spatial integration）：生活環境品質具有空間分布之性質，可從空間之結構分布，分析生活環境品質之差異。

整體而言，社會指標的優點在於使評估精確化與數量化，而且簡單明

瞭，易爲人所接受。社會指標所提供的數據，或許也可以作爲建構問題或修正政策方向使用。不過值得注意的是，當我們使用社會指標來界定問題或發展方案時，其前提是必須對非直接性的問題測量與深層的社會混亂之間的關係，有所了解。

換言之，社會指標通常不能作爲提供方案需求資訊的唯一來源。因爲它固然對問題發出警訊，提醒我們關注，但並未就此說明根本問題爲何，故無法指點迷津，對症下藥（Posavac and Carey, 1992: 105-106）；同時整個政策投入與政策結果之間的轉換過程，經常也隻字未提，僅憑初步觀察來斷定其間關係，缺乏理論根據。是以，社會指標對決策者的工具性價值（instrumental value），並不如想像中的完美（Dunn, 1994: 348-349）。

肆、交叉影響分析

根據Dunn（1994: 249-253）的闡述，交叉影響分析係評估者用來確認達成政策目標的同時，可能產生的若干非預期的政策結果（unanticipated policy outcome）。由於有可能產生非預期結果的事件很多，各預測事件之間多少也存在著潛在的互動關係，透過交叉影響分析，評估者便能掌握此等預測事件之間的潛在互動情形，適時地調整預測事件發生的或然率。

換言之，該分析乃是根據相關事件的發生與否爲基礎，運用智慧判斷未來事件發生的機率。其目標在確認，有可能促進或抑制其他相關事件發生之若干事件。故其能夠有效彌補傳統德菲法（Delphi technique）在預測政策未來時，未能充分反映事件之間可能的互動情形，反而把各個事件的發生視爲是各自獨立的，且毫無連帶的影響，以致在預測、判斷事件方面過於生硬僵化。因此，交叉影響分析可以說是德菲法的進一步改良（Patton and Sawicki, 1993: 275）。

一般而言，各事件之間的關連有三種面向值得考慮：其一，關連方向，倘若某事件影響另一事件的發生，則這類的影響究竟是正面（強化）

影響，抑或負面（抵銷）影響，甚或無影響；其二，關連強度，即上述的正面或負面影響的發生可能性之高低，通常關連強度愈強者，一旦某事件發生，則很可能影響另一事件的發生；其三，關連時間長短，即關連事件相互影響所需的時間，有的可能是幾週、幾個月甚至幾十年的歲月。

交叉影響分析特別適合於預測一系列相關事件的發生，並探討其間的互動關係。其基本分析工具為交叉影響矩陣（cross-impact matrix）（請參見表4-1）。在運作上，我們必須先估計各個事件的原始發生機率；其後必須藉助條件機率（conditional probability）的原理，即某一事件的發生可能性，必須視其他事件是否發生而定，並就各個事件之間的互動關連，分別計算發生此等事件的機率變化。

因此，就表4-1而言，E1、E2、E3、E4事件的原始發生機率分別是0.5、0.5、0.6、0.2。然而，倘若E1事件發生，則E2、E3、E4的發生機率即分別改變為0.7、0.8、0.5。同理也就可以計算出E2、E3、E4事件發生後，對於其他事件發生機率的增減。

▣表 4-1　交叉影響矩陣

倘若某事件發生		隨後此等事件發生機率之變化			
		E1	E2	E3	E4
事件（E）	E1		0.7	0.8	0.5
	E2	0.4		0.7	0.4
	E3	0.5	0.4		0.1
	E4	0.4	0.5	0.7	
事件		原始機率（P）			
E1		P1 = 0.5			
E2		P2 = 0.5			
E3		P3 = 0.6			
E4		P4 = 0.2			

資料來源：Dunn, 1994: 252

　　交叉影響分析的優點在於，它能將事件之間的潛在互動納入考量，並且可以隨時根據新的假定或證據，修正先前已確定的機率，尤其適合於分析結構不良問題（ill-structured problem）所具有的複雜性與衝突性。不過，由於進行該分析之前必須先行確認所有可能的相關事件，因此評估者本身建構問題的能力勢必備受考驗。同時整個過程的進行也甚耗時間和成本。加以評估者在分析未發生的事件時，不免有漏網之魚，因此矩陣的計算不時會面臨技術性困難。最重要的是，它仍潛藏著傳統德菲法的缺點，亦即過度企求專家之間的共識。

伍、目標達成矩陣法

　　根據M. Hill對目標達成矩陣法（吳濟華與屠世亮譯，1992：193-195；鐘起岱，1986：172-173）的論述，該法係以目標（goal）與目的（objective）為基礎來決定各方案的成本和效益，亦即由評估判準的角度來考量方案的利弊得失，最後並予評分的過程。至於所謂的效益係指接近預期目標之程度，而成本則是指悖離目標之程度。

　　評估者必須先對目標作嚴謹的定義，再將之轉化為具體目的，並建立可衡量形式的評估判準，透過效率矩陣的方式呈現（請參見表4-2）。然而，目標矩陣法為了考量成本與效益問題，必須將利益相關團體的立場納入考量，透過此等團體對目標的評價，賦予各個目標適當的權重，以表明不同團體對相同目標的不同評價，從而建立加權矩陣，以顯示目標或目的間相對重要性的加權系統。故其具體步驟大致包括如下：

　　一、訂定目標。
　　二、將目標具體化，並建構一套評估判準。
　　三、確認標的團體或利益相關團體。
　　四、上述團體或一般公民就評估判準分別給予不同權重，包括「團體權重」與「目標的整體權重」。
　　五、計算加權指標值。

■ 表 4-2　Hill 的目標達成矩陣：一個舉例

目標的整體權重	目標 1——可及性			目標 2——對社區的破壞性		
	2			1		
	團體權重（目標 1）	甲計畫	乙計畫	團體權重（目標 2）	甲計畫	乙計畫
城北地區民眾	3	+1	−1	3	−1	0
城南地區民眾	1	−1	−1	2	0	−1
目標造成之程度		+2	−2		−3	−2

資料來源：吳濟華與屠世亮譯，1992：194

　　以表4-2為例，該表以「可及性」（指兩點間旅行的容易程度）及「社區的破壞程度」為判準，來評估比較兩個運輸計畫方案（甲與乙）。這兩個計畫都會影響城北與城南地區之民眾，因此兩地區民眾就這兩種判準帶給他們的影響，分別加以評分，例如城北地區民眾給甲計畫的可及性目標（+1）分，給乙計畫相同目標（−1）分。接著開始計算計畫的影響效果。由於目標不同，對於不同地區造成的影響也就隨之而異，所以必須給予「團體權重」，例如可及性對城北地區較為重要，所以權重為3，其權重3乘以可及性之得分（+1），得到（+3）分。同樣地，城南地區也依此計算，得到（−1）分，故得出兩團體之和為（+2）分，即求出甲計畫的影響效果。依此類推，我們便可以計算出不同計畫的影響效果。最後尚須計算「目標達成加權指標」。其算法是先設法得出「目標的整體權重」，此後再乘以各計畫的影響效果。例如就甲計畫而言，其算法即：(2)(+2) + (1)(−3) = +1。求出加權指標值之後，則將此一結果矩陣交由評估者參考。

　　職是觀之，目標達成矩陣能夠充分考慮有形與無形的成本效益，並且具有合理的加權系統，以及完整的目標體系，皆為其優點。不過，此法似乎並未解決技術問題背後的政治色彩。因為在建構判準以及賦予權重的過程中，它很容易遭受特定利益團體的操縱，況且哪些人有權利參與此等決

策過程，也是一大難題，需要仰賴評估者的高度價值判斷，否則動輒影響分析的客觀性。

陸、多元屬性效用分析

多元屬性效用分析爲一種多元判準（multicriteria）的評估方法。該法乃源自決策理論的分析技術，經常應用在政策規劃上，尤其適合作爲衝突的公共服務方案（competing human service programs），資源配置時的參酌依據。根據Posavac與Carey（1980: 91）的說法，多元屬性效用分析乃是將一複雜的決定分解成數要項（elements），再就每個要項分別加以評估的一種過程。茲將分解決定的過程，說明如下：

一、研擬評估判準。
二、賦予判準權重，以反映決策者的主觀價值。
三、根據判準評估選案。
四、將個人判準爲基礎的評估，集結成一整體判斷。

換言之，多元屬性效用分析不僅重視決策者業已達成的基本共識，並且也關心尚存爭議之問題。因此就程序上而言，該法迥異於以一全觀方式看待決策，甚至是一直接針對政策選案的優劣展開爭辯的分析程序。因此，當多元屬性效用分析應用在政策評估領域時，該法似可充分協助多元利益相關人表達自身對政策績效的評價，從而也突顯政策評估多元衝突目標的特質（Dunn, 1994: 413）。

在運作上，多元屬性效用分析可以分爲十個步驟，茲分別說明如下（Dunn, 1994: 413-414; Posavac and Carey, 1980: 93-96）：

一、確認利益相關人（Stakeholder Identification）

因爲利益相關人對於政策的目標和目的看法不盡一致，因此評估者必

須了解此等人士的意見。

二、確認相關決定議題（Specification of Relevant Decision Issues）

確認利益相關人之間，對於行動與否所存在的歧見。一般而言，決定不外乎是作為與不作為兩種。

三、確認政策結果（Specification of Policy Outcomes）

確認每一種行動所可能造成的結果，並將此等結果透過層級化的方式表達。

四、確認結果屬性（Identification of Attributes of Outcomes）

評估者必須盡其所能確認可資判斷結果優劣的相關屬性。

五、屬性列等（Attribute Ranking）

根據屬性之間的相對重要性列等。

六、屬性尺度化（Attribute Scaling）

將已列等好的屬性，進一步尺度化。尺度化乃根據屬性的重要性，由低而高排列。首先，我們對於最不重要的屬性，定位其數值為10。接著即尺度化次不重要屬性的數值，不過由於兩個緊臨的屬性之重要性有別，因此必須考慮兩者之間應有倍數（times）差距。依此類推，直到最重要的屬性完成尺度化為止。

七、尺度標準化（Scale Standardization）

不同利益相關人將不同的屬性尺度化後，所得的數值往往不一。為了

使此等尺度標準化，必須將每一尺度的原始值先行加總，且以加總後所得到的總值除以每一原始值，得出的結果再乘上100，即完成尺度標準化的工作。由此，我們即可明瞭不同屬性的相對價值。

八、結果測量（Outcome Measurement）

測量每一結果導致每一屬性達成可能性之高低。其或然率最高不超過100，最低為0。

九、效用計算（Utility Calculation）

將第N個屬性之尺度標準化後所得到的數值，乘以第N個結果導致第N個屬性發生的或然率，即可求出每一結果的效用。

十、評估與報告（Evaluation and Presentation）

評選的準則即是尋找最大化的結果效用。故評估者必須確認最有可能產生最大整體績效的政策結果，並將此一結果提交決策者參考。

準此，多元屬性效用分析法試圖從意欲使用者（intended users）的立場，羅致多元利益相關人對於政策績效所作的不同評價，並透過系統化的分析模式，匯聚多元歧見，進而將多元判準（價值）整合為一，故此法對於分析者在處理有關多元利益相關人的衝突目標時，可謂助益甚大。

柒、層級分析法

層級分析法為Saaty於1971年所發展出來的一套決策方法，主要是應用在不確定情境及多元判準的決策問題上。本法也強調問題分解的重要性，並匯集相關人員進行逐項評估，在確定選案的優先順位後（priority），即可推介為政策。鄧振源與曾國雄（1989a：5-22；1989b：1-20）對於層級分析法的概念與操作步驟，有相當詳盡的論述。本文擬根

據其論點加以介紹如下。

　　基本上，層級分析法旨在將複雜的問題系統化，並以層級結構（hierarchical structure）的方式來突顯問題的諸多層面。故而，最高層級所代表的是評估的最終目標。依次往下分解後的層級，則可能是評估目的、評估判準與政策選案等（請參見圖4-1）。換言之，該法乃試圖由最高層級看待不同層級之間的相互關係，而非直接從各層級的要素（components）逐予分析。建立層級的優點在於，協助我們了解高層級的要素對低層級要素的影響程度。

　　建立層級之後，接下來的工作就是進行評估。該法的評估是以每一層級的上一層要素，作為對下一層要素的評估依據。換言之，就是將某一層級內的任二個要素，以上一層的要素為判準，分別評估該二個要素對判準之相對重要性。這種成對的比較方式，有助於減輕評估者的思考負擔，而只需專注在二個要素間的關係即可。建構成對比較矩陣後，我們即可利用特徵值（eiqenvalue）解法，找出優勢向量（priority vector），以求取各層級要素的權重。計算出各層級要素間的權重後，接著再計算整體層級權重。最後依各替代方案的權重，以決定最終目標的最適選案。

　　應用層級分析法處理複雜問題時，大致可以區分為五個步驟，茲說明如下：

一、界定問題

　　分析問題必須周延，將可能影響問題的要因，均納入問題中。

二、建構層級結構

　　首先，可以透過腦力激盪法（brainstorming）找出影響問題的評估判準、次要評估判準（sub-criteria）、政策選案的性質及政策選案等；其次，決策群提出相關修正意見。次後，再將所有影響問題的要素，委由決策群決定每二個要素間的二元關係（binary relation）；最後利用腦力激盪法建構整個問題的層級結構。

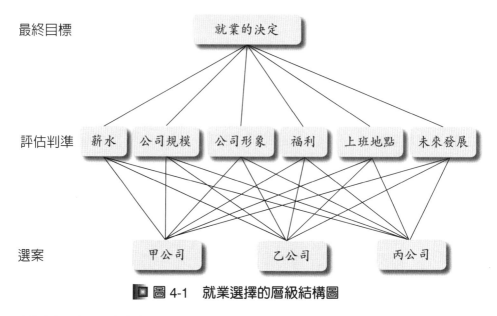

最終目標

評估判準

選案

圖 4-1 就業選擇的層級結構圖

資料來源：鄧振源與曾國雄，1989b：6

三、問卷設計與調查

每一層級要素在上一層級某一要素作為評估基準下，進行成對比較（請參見表4-3）。因此，必須透過問卷設計進行成對比較，在1-9尺度下，讓決策群的成員填寫。根據問卷調查所得到的結果，建立成對比較矩陣，再應用計算機求取各成對比較矩陣的特徵值與特徵向量，同時檢定矩陣的一致性。

四、層級一致性的檢定

層級結構的一致性顯示層級要素的關連。倘若層級結構的一致性不符合要求，則必須重新進行要素及其關連的分析。

五、替代方案的選擇

若整個層級結構通過一致性檢定，即可求取替代方案的優勢向量。若僅有一位決策者時，則只需求取選案的綜合評點（優勢程度）即可；若為一決策群時，則需分別計算每一決策成員的選案綜合評點，再利用加權平均法（如幾何平均數法）求取加權綜合評點，以決定選案的優先順序。

層級分析法在計算各要素的重要性時，必須透過一致性檢定，故較有理論基礎且深具客觀性。不過此法在評定各要素之間的重要性時，未能結合各選案的評估判準之評估值，使得評估結果未必能與真實情況相一致，因此論者建議（江俊良，1988：13），在應用上若能將完整的資訊提供給評估者（包括選案的描述、實際的評估判準估計值等），必能使評估方法更為合理。

■ 表 4-3　三家公司在「薪水」評估基準下的成對比較例示

	絕強	極強	頻強	稍強	等強	稍弱	頻弱	極弱	絕弱	
方案 I	9:1 8:1	7:1 6:1	5:1 4:1	3:1 2:1	1:1 1:2	1:3 1:4	1:5 1:6	1:7 1:8	1:9	方案 II
甲公司	□ □	□ □	□ □	□ □	□ □	□ □	□ □	□ □	□	乙公司
甲公司	□ □	□ □	□ □	□ □	□ □	□ □	□ □	□ □	□	丙公司
乙公司	□ □	□ □	□ □	□ □	□ □	□ □	□ □	□ □	□	丙公司

說明：薪水愈多，則其優勢較強，反之則較弱。請在適當處打勾。

資料來源：鄧振源與曾國雄，1989b：5

捌、成本效益分析法

　　成本效益分析法與成本效能分析法（參見後述）兼可使用於「事前」（ex-ante）與「事後」（ex-post）的政策分析（Dunn, 1994: 294）。當成本效益分析應用在事前的政策分析時，其通常使用在有關規劃政策或推介政策行動。至於進行事後的政策評估時，本質上乃為一種回溯性應用，而著重在政策效率的估測（Rossi and Freeman, 1993: 367）。

　　值得說明者，評估者在使用事後的成本效益分析時，必須被評估的政策歷經一段相當時間的運作，而產生了某種影響；抑且又能夠以量化的形式來測量之（Patton and Sawicki, 1993: 385）。大體上，我們認為此等因素包括如下（Rossi and Freeman, 1993: 394-397）：

　　一、政策有單獨的經費。
　　二、政策執行已有一段時日，同時淨效果相當顯著。
　　三、政策影響與影響幅度明顯已知或得以有效估測。
　　四、效益可以轉換成幣值。
　　五、決策者刻正考量其他選案，而非僅固著於是否持續既有的計畫。

　　事實上，成本效益分析法係源自經濟理論的一種評估方法。其乃針對政策所投注的成本與其產生的效益，分別量化成幣值的形式，並且加以計算和比較的過程。由於事後的政策分析所關心的是現行政策是否應該持續、修正或終止的問題；復以政府的資源有限，而必須對資源進行妥適的分配，尤其當代的成本效益分析法，格外重視極大化社會福祉以及公共投資的淨結果（Dunn, 1994: 294-295）。是以，透過成本效益分析，我們即可精確分析政策的總成本及總效益，進而對政策重新加以定位，以為政策的持續、修正或終止之立論依據。

　　詳言之，成本效益分析法具有下列特徵（Dunn, 1994: 295）：

一、計算政策對社會產生的總成本與總效益，根據Dunn（1994：296）作的分類，成本和效益可以細分為四種類型，分別是：內部（inside）與外部（outside）的成本與效益、直接可測量（directly measurable）與不可直接測量（indirectly measurable）的成本與效益、主要（primary）與次要（secondary）的成本與效益、淨效益（net efficiency benefit）與重分配效益（redistributional benefit）。茲扼要說明如下：

1. 內部／外部的成本與效益：係指針對一標的團體而言，此等成本與效益是屬於內部抑或外部的問題。故而必須先行劃定標的團體的界限，才能加以判斷之。

2. 直接可測量／不可直接測量的成本與效益：係指成本與效益的有形與否（tangible/intangible）的問題。其間差異在於財貨和服務可否以市場價格來衡量。倘若不能以市場價格進行衡量，例如新鮮無汙染的空氣，則必須透過「影子價格」（shadow price）來估算，亦即成本與效益的幣值必須仰賴主觀判斷。

3. 主要／次要的成本與效益：係指成本與效益導源於方案的直接或間接（direct/indirect）的結果。故而就主要的成本或效益而言，通常就與方案的目標高度相關。

4. 淨效益／重分配效益：係指成本與效益作比較之後，總收益是否真的增加，抑或只是不同團體間收益或資源的相互移轉而已。換言之，淨效益是一種「真實」（real）收益；重分配效益則是一種「金錢」（pecuniary）收益。

二、傳統的成本效益分析法係以整體經濟效率（global economic efficiency）作為判準，突顯其「經濟理性」的分析特質。因此，所謂的效率，係指該政策的淨效率不僅大於零，同時也高於其他選案之上。

三、傳統的經濟效益分析係以私有市場的角度推介政策。因此，政策的機會成本經常是設想以相同的成本投資在私部門，所可能獲得的淨效益為基礎進行計算。

四、當代的成本效益分析又名為「社會成本效益分析」（social cost-benefit analysis），強調以公平（equity）作為判準，業以趨近社會理性

（social rationality），故可作爲重分配效益的衡量。

　　一般而言，成本效益分析的步驟大致包括如下（Dunn, 1994: 299-304；吳定，1994：196-198）：

一、問題建構（Problem Structuring）

　　成本效益的基本分析步驟，即設法尋找另一種可能的問題規劃，並且界定後設問題（metaproblem）的範疇。因此，問題建構可以提供分析者參考的資訊包括：潛在的相關目標、目的、選案、判準、標的團體、成本與效益。

二、確定目的（Specification of Objectives）

　　將計畫或方案的目標轉換成可直接或間接衡量的目的。

三、確認選案（Specification of Alternatives）

　　找尋或設計可以達成目的之各種選案。

四、蒐集、分析與解釋資訊（Information Search, Analysis, and Interpretation）

　　盡可能蒐集各選案的資訊，以預測各選案所可能產生的後果。

五、確定標的團體與受益者（Identification of Target Groups and Beneficiaries）

　　詳列可能受到方案影響的對象，包括受益者及損失者。

六、估算成本與效益（Estimation of Costs and Benefits）

　　以幣值估算每一選案的各種成本與效益，包括：內部與外部、直接與

間接、主要與次要、淨效益與重分配效益。

七、折算成本與效益（Discounting of Costs and Benefits）

折算重點為究竟應包括哪些成本與利益？此等成本與效益應當如何衡量？應將所有目前與未來、直接與間接、有形與無形的成本與效益，均加以數量化及貨幣化。並且選擇適當的貼現率（discounting rate），將上述成本與效益轉換成現值（present value）。

八、預估風險與不確定性（Estimation of Risk and Uncertainty）

使用敏感性分析（sensitivity analysis）、權衡分析（fortiori analysis）、可行性評估（feasibility analysis）、限制追蹤（constrants mapping）等技術來估算政策的風險性與不確定性。

九、選擇決策判準（Choice of Decision Criterion）

通常可以巴瑞圖原則（Pareto principal）、益本比、益本差、內部報酬率等作為推介的判準。

十、推介（Recommendation）

自各選案中選擇最能滿足特定準則的方案，提交決策者參考採納。

整體而言，成本效益分析法純以「經濟效率」的觀點推介選案，並未考量其他面向的可行性，亦容易忽略有關公平正義課題之落實。而本法的優勢固在於以貨幣化的方式，進行成本效益的精確估算。惟對於無法貨幣化的因素之換算，則略顯力有未逮之憾。尤其大部分政策行動所產生的無形成本與效益，均甚難加以貨幣化（丘昌泰，1995：86-87），而由哲學觀點來看，更反對盡以幣值來衡量事物的重要性（吳濟華與屠世亮

譯，1992：188），而影子價格的估算方式又不免流於武斷與主觀（Dunn, 1994: 296），故此等因素均造成應用上的爭議與困擾。此外，對於若干具有「邊際效益遞減」的政策而言，如社會福利政策，該分析法似乎亦受到相當的限制（詹志宏，1986：44-45）。

玖、成本效能分析法

　　誠如前述，成本效能分析法同樣可以使用在前溯（事前）與回溯（事後）的政策分析。不過和成本效益分析不同者為，它強調以最少成本來達成政策目標。此乃若干政策的成本固可以幣值進行換算，惟效益部分則無法透過幣值來表達，故典型上，效能的衡量係以每單位的財貨、服務或其他有價值之結果作為衡量基準，以此求得政策成本和效能之比率（Dunn, 1994: 303；吳定，1994：198）。準此，成本效益分析關心的是成本與產出之間的連結關係（丘昌泰，1995：82）。

　　詳言之，成本效能分析法具有如下的特徵（Dunn, 1994: 303-304）：

一、操作程序

　　成本效能分析較成本效益分析容易，因為成本效能分析無須透過幣值來衡量效益。

二、理性類型

　　成本效能分析乃「技術理性」（technical rationality）的縮影，蓋其側重政策選案的效用，而非由總體經濟效率或整體社會福祉來考量政策結果。

三、獲利邏輯

　　由於成本效能分析倚賴市場價格的機會不多，因此鮮少倚賴私部門的獲利極大化邏輯（logic of profit maximization）。

四、應用類型

成本效能分析比較適合於分析外部性（externalities）與無形的效能，蓋此等類型的政策結果無法以貨幣作為衡量單位。此外，典型的成本效能分析較適合處理固定成本或固定效能的問題；成本效益分析則專門處理變動成本與變動效益的問題。

就運作步驟而言，成本效能分析與成本效益分析大致相同。唯一例外之處有二：其一，只有成本方需折現為現值；其二，適當性判準（criteria of adequacy）與成本效益分析不同，通常採用的判準包括：成本最少（least-cost）、效能極大化（maximum-effectiveness）、邊際效能（marginal effectiveness）與成本效能（cost-effectiveness）（Dunn, 1994: 303-304）。

林鍾沂（1994：108）指出，成本效益分析法與成本效能分析法如要行之有效，必須配合以下的條件：1.政策目標清楚明確；2.政策選案周詳；3.蒐集、分析與解釋不同選案的成本與效益；4.確認政策利益相關團體；5.成本與效益加以類型化處理。然事實上，此等條件並不容易應用在某些類型的政策上，尤其是涉及到具有價值爭議的公共服務，更不能盡以經濟、成本觀念主導問題的思考（Posavac and Carey, 1992: 207）。此外，大部分重要的政策又是用以解決此等結構不良（ill-structured）的問題（Dunn, 1994: 146），致使該法的應用深受限制。

茲將上述實證論典範的政策評估方法彙整如表4-4。

▣表 4-4　實證論典範的政策評估方法

方法	意義	特色
調查研究法	評估者採用結構性問卷、訪問或觀察等技術，從母群體成員中，蒐集所需之資料，以對現況加以描述。	有助描述一個大樣本的特徵。

◼表 4-4 實證論典範的政策評估方法（續）

方法	意義	特色
實驗設計	為了解問題，用精密的實驗方式處理，以觀察政策或方案行動與其結果之間的因果關連。	重視內在效度與方法的嚴謹性，科學的程度高。
社會指標法	係指將政策或方案之目標加以量化，俾使我們衡量目標達成的程度。	使評估精確化與數量化，有助了解政策的長期影響。
交叉影響分析	係指評估者用來確認達成政策目標之同時，可能產生的若干非預期的政策結果。	預測一系列相關事件的發生，並探討其間的互動關係。
目標達成矩陣法	評估者根據評估判準，考量方案的成本與效益，並且與以評分之過程。	充分考量政策的成本與效益，且利益相關團體可表達自身對政策的感受。
多元屬性效用分析	係指將一複雜的決定，分解成數要項，再就每個要項分別加以評估的一種過程。	將政策問題予以系統分析，係多元判準的評估方法，利益相關團體亦可表達自身對政策的感受。
層級分析法	係指將複雜的問題系統化，並以層級結構的方式，突顯問題的諸多層面。	將政策問題予以系統分析，多應用於不確定情境及多元判準的決策問題。
成本效益分析法	針對政策所投注的成本與其產生的效益，分別量化成幣值的形式，並且加以計算和比較的過程。	成本導向的評估。
成本效能分析法	與成本效益分析法雷同。然效能的衡量係以每單位的財貨、服務或其他有價值之結果作為衡量基準，以此求得政策成本和效能之比率。	成本導向的評估。

資料來源：作者整理

第二節 詮釋論典範的政策評估方法

詮釋論典範下的政策評估，普遍揚棄所謂的通則化、標準化等概念的有效性，特別關注系絡的獨特性與個案的殊異性，是以如何勾勒政策或方案施行系絡的獨特動態環境，厥爲關心所在。

然相較於量化評估方法，詮釋論者偏好使用的質性評估方法，顯然較沒有強烈的預設立場，不會爲了便利資料的比較分析，而在資料蒐集上預先設定分析範疇，轉而呼籲評估者宜針對人文世界的種種現象保持開放胸襟，並著重其觀察能力的培養，以設法從社會實體中找出新的概念或變項，故研究結果的推論性或變項之間的因果關係，非其所認可之重點。尤有甚者，所有的研究結論都也都只不過是暫時性的（tentativeness），而隨時處於一種演化、流變的狀態。

茲列舉深度訪談法（depth interviewing）、焦點團體法（focus group）、參與觀察法（participant observation）、非介入性測量（unobtrusive measures）、可評估性評估（evaluability assessment）、腳本撰寫（scenario writing）、腦力激盪法、政策德菲法（policy delphi）與論證分析法（argumentation analysis）爲例，加以闡述。

壹、深度訪談法

基本上，質性訪談的基本假定認爲，當事人的觀點對於評估社會實體的價值而言，是頗具意義的。而此等觀點實無法透過一般性觀察即可全盤拖出，因此必須倚賴相當精緻的訪談技術作爲媒介（Patton, 1991: 278-279）。因之，開放性訪談與量化評估的訪談之最大差異，乃訪談內容與程序是否能容許受訪者的意見，有彈性自主的發揮空間。

是以，深度訪談乃指訪談者透過開放式問題，詢問受訪者，傾聽並記錄他們的回答，並且就所回答的內容，繼續追問其他相關的問題，以探索受訪者深層的內心世界並接近其觀照取向爲最終目的，故深度訪談可謂是

一有目的之會談。至於，深度訪談法和問卷調查法的最大差別，在於其涉及的樣本規模較小，概念項目卻較多，而且研究假設是隨著資料展現而不斷的發展（鍾倫納，1993：176）。

　　由於深度訪談既是一門藝術，亦爲一門科學，尤其訪談結果所獲得的資訊品質，絕大部分取決於訪談者，因此舉凡訪談技巧、敏感度、專注力、人際理解力、洞察力、心智敏銳度等都是深度訪談不可或缺的訓練要素，否則訪談內容不僅缺乏主軸，失去問與答之間的連結性，整個訪問的進行程序也可能是在一種毫無章法的狀態下完成（Patton, 1987: 108）。

　　不過，隨著訪談問題綱要的設定時點以及發問順序的彈性與否，深度訪談又可以再細分爲三種類型，即非正式的會話訪談（informal conversational interview）、一般性訪談導引（general interview guide）與標準化開放式訪談（standardized open-ended interview）（Patton, 1987: 109-115; Patton, 1991: 280-290）。由於三者之間各有優劣，而其主要差異還是在於訪談過程所保持的開放性程度，因此實務上通常會事先考量問題的性質與意義，例如是否值得受訪者天馬行空地自由發言任何他所感興趣的議題，而區分爲基本問題與探測性問題，再將三種類型混合使用。

　　進行深度訪談時，評估者必須事先決定訪談的對象與題材，在考量評估宗旨與特定評估情境的前提下，善用訪談技巧以獲得最佳的資料。Patton（1987: 142-143）臚列25點訪談指引，我們擬介紹如下：

1. 訪談過程的所有階段都必須接受評估宗旨的引導。
2. 質性訪談的基本原則乃提供受訪者有一充分表達自我意見空間的架構。
3. 了解非正式會談、一般訪談導引，與標準化開放式訪談三種訪談類型的優缺點。
4. 考量評估宗旨後，選擇最適當的評估類型（或混合使用）。
5. 了解訪談可能蒐集到的不同資訊類型，包括：行爲資料、意見、感受、知識、感官資料，和背景資料等。
6. 思考如何將此等問題適當排序在每一訪談主題之中。

7. 確實詢問開放式問題。

8. 以可理解而適當的語言，詢問問題。

9. 一次只發問一個問題。

10.追蹤問題回答的深度。

11.訪談者與受訪者清楚地溝通有關他所需要的資訊、何以選擇這類問題，以及訪談進行的方式。

12.專心聆聽受訪者的回答。

13.避免引導問題。

14.了解深度訪談和詰問（interrogation）的區別。前者為質性評估者使用；後者為警方和稅務稽核人員使用。

15.建立個人共融與相互利益感。

16.對於受訪者回答的內容維持中立，而不加以判斷。

17.訪談與觀察同時並進，以察覺受訪者對於不同問題所表露的神態。

18.控制訪談局面。

19.透過錄音方式記錄訪談，以便於分析和撰寫報告時有完整詳實的摘述。

20.訪談進行中，對於內容要點進行筆記工作。

21.訪談之後立即檢查紀錄是否存有瑕疵，並進行補救或補強措施，同時將觀察所得記錄下來。

22.採行適當步驟來蒐集有效和可信的資訊。

23.對於受訪者的發言內容，謹守保密的承諾。

24.實際操作，從經驗中學習技巧。

25.沉浸在訪談的樂趣中。

綜合上述，深度訪談的特點，在於探索當事人平時不易為人所知的觀點和意向，因此評估者藉由訪談，便可深入了解政策參與者的實際感受，同時也能從中發現若干值得進一步探討的主題，是以原有假設也會隨著訪談的進行而不斷修正。從方法論的角度來看，此乃從當事人本身的觀點來

描述其所建構的世界，而訪談者則不斷從資料中尋找相關主題與概念，並加以分析、歸納與整合，在評估資源容許的範圍內，暫時性結論與引發的新問題將無止盡地辯證循環，直到評估者認為可告一段落，方才休止。

　　由於樣本過小而且非採隨機抽樣，以致訪談結果不能進行統計上的推論外，深度訪談最為人詬病之處，莫過於訪談的進行過程有欠標準化，訪談者的偏見或不自覺的干預，受訪者投其所好或杯弓蛇影，都會影響訪談結果（鐘倫納，1993：182）。一般而言，為了求取資料的真實性，訪談者負有交叉檢核（cross checks）訪談內容之責任，亦即在不同時間、不同地點、不同方式重複詢問類似的問題，檢視受訪者回答內容的一致性與真實性（江明修，1997：105-106），期能增進質性資料的踏實感。

貳、焦點團體法

　　焦點團體法乃為一團體訪談性質的質性評估方法。根據Krueger（1994: 6）的論述：「焦點團體法是在一種極其輕鬆自在的氣氛下，為了獲取參與者對特定話題的看法，而精心規劃的一種討論歷程。通常訓練有素的訪談人員會組成一個七人至十人的團體，這些成員彼此間則分享他們的理念與看法，整個討論過程是在相當順暢的情形下完成。團體成員在回應意見的過程中，發生交互影響力。」

　　換言之，該法是由七人至十人所組成的團體，針對某特定議題，進行為時約一個半至兩個小時的訪談，而評估者本身則扮演一種中介者的角色，他主導整個團體討論歷程的方向與重心，以觀察參與者之間在訪談歷程所激發的團體動力，並且同步蒐集團體對話與互動下產生的質性資料。歸結言之，焦點團體具有如下的六大特質，分別是（Krueger, 1994: 16-21）：

　　一、焦點團體是由人所組成。
　　二、焦點團體是由多元團體組成的一系列訪談。
　　三、參與者具有合理的同質性，彼此間不相熟識。

四、焦點團體是為一種資料蒐集程序。

五、焦點團體使用質性資料。

六、焦點團體針對主題進行討論。

多年來，焦點團體法經常廣受市場或行銷研究者的喜愛，作為探索消費者對於新研發產品可能的預期反應之調查方法。不過考其歷史發展，早在1930年代晚期，若干社會科學家即開始對傳統資料蒐集方法的正確性產生懷疑。因為傳統上個人式訪談所使用的測量工具，乃基於某種假定下，所發展出來的一套預定的、封閉式問卷，僅供受訪者在幾個有限的選項內填答，受訪者的本意並未受到相當的尊重，反而是訪談者個人本身的興趣焦點主導了全盤的研究方向。這類以訪談者需求為主，受訪者意見為輔的探究程序，相當程度抹煞了我們對真相的了解。此外，長久以來由於人們偏好量化程序，固執於對實體本質的假定，致使實驗設計的評估方法盛極一時，亦使得焦點團體等質性評估方法，相形失色（Krueger, 1994: 7-9）。

有鑑於此，若干社會科學家為了增進對人類經驗的了解，便開始深入思索此等非直接性的個人訪談（nondirective individual interviewing）之價值，整個研究程序的重心自然也就回歸到受訪者身上。也就是說，評估者擬藉由受訪者在各自觀點的表述過程裡，彼此激盪而產生的共鳴或歧見，網羅這類臨場互動所孕育的線索，因此它所蒐集的是一種植基在社會系絡情境中的資料（Patton, 1991: 335），亦為一種經過類似腦力激盪歷程所產生的動態性資料，評估者必須把受訪者身上對政策或方案的觀點、感受，與態度投射出來的零亂資料，加以蒐集、檢視、整理，和分析，便可從中洞察社會實體的線索，此等線索並可作為更進一步研究之素材。

至於如何組成有效的焦點團體，胡幼慧（1996：232-235）分別就團體規模、團體數目、團體成員、討論的進行方式，以及主持人的角色等五大面向加以探討，茲將其論點扼要說明如下：

一、團體大小

團體大小會影響成員參與互動的程度以及資料本身的深廣度，兩者之間又經常出現排擠互斥的現象，因此如何在兩者之間求取平衡，乃評估者思考所在。典型上，團體的人數應該由六人至十人所組成。不過，隨著研究目的需要，例如評估者很可能希望參與者之間有更多機會分享洞察，抑或鼓勵異質性觀點的出現等不同考量，參與者人數通常會在四人至十二人之間略作調整（Krueger, 1994: 17）。

二、團體數目

通常是以六至八個團體為佳。大部分的評估者多從經濟效益的層面來考量組成團體的數目，亦即如果多實施一個團體訪談，並不見得會多增加「新」的意見的情況下，則不考慮再增加團體的數目。

三、團體的成員

一般而言，成員的社會人口背景同質性愈高，互動過程進行得較為順暢，對話效果也較佳。至於選擇參與者的依據，主要是根據參與者是否能夠提供有意義的資料。亦由於焦點團體的目的在於探索，而非如調查研究法旨在驗證假設，因此統計上的代表性並非其考慮重點，取而代之的則是所謂「樣本偏差」（sample bias）的問題。

四、小組討論空間的安排

評估的主持人宜避免「課堂授課式」的座椅安排，因為此舉將不利於團體成員之間的互動，最好採取「圍坐式」或「U型」安排，以促進參與者意見交流的機會。

五、主持人應注意事項

　　有關討論過程中可能出現的行為動態，如私密性話題遭受團體壓抑、團體成員之間出現意見領導人、討論進行中出現冷場的畫面，以及受訪者策略性地將話題轉移給主持人回答等，都有賴主持人運用技巧適時化解。

　　焦點團體法兼可使用於形成性與總結性的政策評估，故透過該法，評估者不僅可以從標的團體的觀點，了解政策執行的實際情形與需要改善強化之處，同時也能獲取有關政策成果和影響的資訊。Krueger（1994: 34-36）歸結出焦點團體法的六項優點：首先，焦點團體法是一種社交取向（socially oriented）的研究程序，其特點在於如實捕捉團體在真實情境下互動的動態本質；其次，研究過程頗具彈性，因此能夠探索到結構性訪談所不能發現到的非預期性議題；第三，焦點團體法具有高表面效度，研究發現值得評估者信賴；第四，相對比較起來，焦點團體法成本較低；第五，焦點團體法所獲得的結果相當有效率；第六，評估者能夠隨時因應增加樣本規模之需求。

　　不過，Krueger（1994: 36-37）也同時指出該法的六項缺失：首先，和個人訪談比較起來，評估者不易掌控訪談的進行；其次，分析資料將會面臨困難；第三，焦點團體法必須仰賴訓練有素的訪談者；第四，團體特質可能懸殊極大，評估者勢必藉由相當團體數目，來平衡個別差異；第五，考量時間地點因素，團體難以召集；第六，討論進行的順利與否，亟需仰賴多方因素的配合，缺一不可。

　　總之，焦點團體法的最大特質即是利用團體互動來蒐集資訊，參與者對政策所表達的主觀感受，由於受到其他觀點的相互激盪，自然會拓展當下討論議題的深廣度，有助個人觀點的辯證詮釋。

參、參與觀察法

　　參與觀察法是人類學者經常使用的一種研究方法。不過，作為質性

評估方法使用時，該法係要求評估者親自投身現場，實際參與被評估的事件，從情境脈絡和當事人的角度，深入體察該事件所蘊涵的整體意義，其目的乃著重蒐集臨場資訊之可貴性。據此，倘若評估者欲了解交通改善方案的執行成果，他可能便有必要親自駕車遊走方案實施的特定區域，親身感受實際的推動成效，以為評估結果的參考依據。

參與觀察法的特徵，至少包括以下幾點（Jorgensen, 1989: 12-22，轉引自黃瑞琴，1991：74）：

一、探究方法的基礎係定位於人類交互感知的生活經驗。

二、理論觀點著重於人類生活的了解和解釋。

三、使用直接觀察和其他蒐集資料的方法。

四、參與觀察者的角色在於融入局內人（insider）的生活情境。

五、參與觀察法強調一種發現的邏輯。

參與觀察法和一般實證性評估的直線式步驟相較之下，其最大特性在於呈現一種循環模式的實施步驟，亦即由問題界定、進入評估場域、蒐集、記錄與分析資料，一直到撰寫報告，乃為一種不斷循環的過程。茲根據陳伯璋（1990：148-150），說明參與觀察法的實施步驟如下：

一、問題界定

問題界定是研究的第一步驟，評估者也必須同時考慮所要觀察或研究的對象。

二、進入研究的情境

既然是「參與」觀察，評估者就必須走訪現場，融入觀察的情境之中。不過，這當中會涉及到參與程度的問題，譬如，就觀察者的角色而言，倘引用光譜連續體的概念，則左右兩個極端即為觀察者與參與者兩種角色，當然，這其中又可以依涉入情境的程度高低，而再加以細分多種角色。不僅如此，Patton（1991: 205-219）尚且舉出觀察途徑的其他四個變異面向，其中最為典型的莫過於評估者花費在現場蒐集資料的時間長度。

無論如何，參與的目的是為了觀察，因此原則上評估者是在一種「平凡」的角色上發展人際關係（鍾倫納，1993：190-191），如此對於資料蒐集的進行方有裨益。

三、資料的蒐集與記錄

資料的蒐集是非常繁瑣的工作，評估者一旦進入現場，他的注意力必須集中在現場一切與評估目的有關的事件，不過為避免毫無頭緒的觀察，評估者必須尋找重點，包括哪些人是事件的參與者、發生事件的時間地點、為什麼會有此等事件的發生、此等事件背後的意義，以及評估者親臨現場所浮現的反思（reflective）感受等，皆應考慮列為田野札記（field notes）的豐富素材。

大體上，有關政策的自然環境、人文社會環境、有計畫的方案執行、非正式的互動與非計畫的活動、參與者的特殊政策語言、非語言溝通、非干擾性指標、文件、檔案和紀錄，以及值得注意的未發生事件（Patton, 1991: 219-238），都是參與觀察法值得注意的資料蒐集面向。

四、資料的分析

參與觀察法蒐集的資料，最好能在短期內立即加以分析，特別是評估者所觀察的事件本身，即蘊涵了豐富的社會系絡性色彩，具有高度的文化獨特性，若將之抽離系絡以外而為理解、詮釋和分析，則解讀資料的結果勢不免和實際現象發生隔閡，因而失去參與觀察法的最終意義。故而，評估者若能養成當下記錄事件的良好習慣，也就是剛離開現場便立即進行現場回憶的工作，這樣一來，多少可免除日後資料分析上的困擾。

五、報告撰寫

資料分析結束後，必須將所分析的重點加以歸納整理，以敘述（narrative）的型態描述事實，並且就參與者的立場，解析事件的背後意涵，最後並以社會系絡作為背景，鋪陳此等意涵，提出評估報告。

　　大抵上，參與觀察者的角色拿捏以及評估結果在統計上的信度、效度與可推論性，乃參與觀察法經常備受爭議的兩個主要問題。就前者而言，參與觀察本身即爲一門藝術，因爲評估者一方面是以客觀的研究身分進入現場；另一方面卻又要融入現場，脫離某種程度的客觀，是以如何確保觀察結果的客觀與精確，委實令人躊躇。通常爲了克服觀察結果客觀性的爭議，除了評估者必須施以嚴格的訓練外，整個觀察歷程也必須經常反思，以察覺本身受到現場氣氛感染的程度。評估者若固執於特殊角度觀看問題，便會陷入當局者迷的境界，見識便不一定超越局內的當事者（鍾倫納，1993：194-195）；就後者而言，基本上參與觀察法具有較高的效度，但信度卻較低，亦即它能夠確實測量出所要測量的事物，不過卻可能因物換星移，人事已非，而無法重複施測；也可能出於不同評估者在描述判斷取向上的程度變異，而無法得到相同的結果。此外，由於觀察樣本非透過隨機抽樣，鮮能針對大型母群體作出精確的描述性陳述，觀察結果遂難推廣。

　　不過，參與觀察法的最大優勢，乃其設法將局內人的觀點，透過移情手法遞傳、轉化與流露給局外人（outsider）知悉。參與觀察者本身，則抱持一種向社會學習的心態，秉持深入理解事實的執著與旨趣，親臨研究現場，體察與感應局內人的自然而眞實的內心感受。據此，在研究程序上，該法可謂大幅導正一般化研究所崇尚的「由上而下」、「由理論而事實」的知識建構歷程，無疑地也拉近了理論與實際的鴻溝。

　　因此，參與觀察法作爲政策評估的方法，在深化評估議題方面的貢獻，最爲顯著。參與觀察的特性是要求評估者深入現場，結合當地民眾的心聲，目睹政策的執行實情，了解政策運作的多因多果關係，而非僅窮於追究政策是否符合規劃者原訂的目標。此外，由於參與觀察法在研究設計上頗具彈性，無須事先界定研究假設，並能隨時因應現場事件調整研究焦點和方向，故它最適合駁斥簡單量化的研究主題和社會議題（Babbie, 1995: 280-281），從中也突顯了解政策轉換過程的必要性。評估者將現場的深刻感受加以分析、詮釋和組合之後，便可抽象地描繪出政策結果大致的形貌，進而作爲深入探索的背景知識。

肆、非介入性測量

　　無論是調查研究法、實驗設計、深度訪談法與參與觀察法等評估方法，評估者在蒐集資料過程中，某種程度都不免要介入被評估對象的生活。相對地，倘若爲避免因評估者在場引發現場人們不尋常的反應，而改以不介入現場的間接方式，彙整過濾現場所遺留的蛛絲馬跡，藉此蒐集人們自然呈現的行爲表徵，此即所謂的「非介入性測量」（Babbie, 1995; Berg, 1995；黃瑞琴，1991）。

　　換言之，非介入性測量的基本出發點認爲，評估者所要蒐集的資料，不一定非得透過直接接觸當事人的方式進行，因爲線索的來源管道很多，處處留心皆學問，只是一般人並未仔細留意與分析而已。是以，評估者若能善用其觀察敏銳度，或藉助一些儀器設備作爲觀察輔助工具，則現場採集的跡證與遺留的線索，即可對評估發現帶來莫大助益。

　　大體上，非介入性測量可分爲檢閱檔案文件、檢視物理痕跡，與使用儀器記錄三種類型，其目的均不外乎是爲檢核與評估人們不小心遺留的跡證，期能從中獲得一些啓發，茲將三者扼要說明如下（Berg, 1995: 141-160；黃瑞琴，1991：137-150）：

一、檢閱檔案文件

　　檔案文件可分爲公眾與私人的檔案紀錄。典型上，公眾檔案紀錄係爲提供大眾檢閱，因此通常有標準化的紀錄格式與系統性的典藏方式，包括傳播媒介的報導資料與官方資料均屬之。相對地，私人檔案紀錄僅供少數特定人士參考使用，其類型如紀傳、回憶錄、日記和信件、藝術與創造的人工製品（artifacts）等。上述資料提供有關現場和人群現象的密集描述，評估者蒐集和檢閱此等文件，即可窺知文件產出者如何定義其生活世界，而得以推敲和了解文件產出者的觀點、假定和活動。

二、檢視物理痕跡

物理痕跡是指人們過去行爲在物體表面所留下的線索。評估者藉由觀察物體受到侵蝕或積垢的程度，便可判斷該物體的使用情形。例如政府大力興建社區圖書館，爲評估其產生的實際效益，固可透過問卷調查了解居民使用情形，不過若評估者想從其他管道進行了解，即不妨從館內藏書的借閱情狀及其汙損程度，了解該圖書館的實際使用情形，進一步可推測圖書館的興建對社區生活產生的影響。

三、使用儀器記錄

評估者最常使用筆和紙作爲現場工作的記錄工具，不過以紙和筆進行記錄，多少阻礙評估者和現場人們之間的連續性互動。爲了減低互動過程受到的干擾，並能夠捕捉細微的行爲類型或人際互動過程，以充分掌握現場的視聽覺現象，評估者可以錄音機、錄影機，或照相機作爲輔助儀器，協助蒐集資料。當然使用這些儀器對於評估過程也會造成干擾，然須注意使用的時機和技巧，是以評估者必須先了解這些儀器對現場人們的影響，或設法讓在場者熟悉此等儀器的存在後，才嘗試使用儀器作爲探究工具。

職是之故，非介入性測量的特點在於，評估者試圖降低對被評估對象的干擾，而盡可能呈現自然寫實的測量結果，避免造成實驗設計中經常爲人所詬病的內在效度危機（簡春安與鄒平儀，1998：275）；此外爲仔細求證現場遺留的跡證，尚可透過輔助儀器來掌握與現場人士互動時易忽略之細節，以留下事後追溯資料的來源。儘管如此，無論是透過檔案文件、私人紀錄、物理痕跡，以及儀器紀錄作爲評估題材，評估結果都不免存在不完整，甚至偏差現象的出現。然非介入性測量終究強調的是一種多資料來源或多元方法之概念，故而測量結果也僅代表一種佐證資料之性質，評估者苟能將多種方法蒐集到的資料與跡證，交互參照和檢證，俾能增進評估結果的客觀性與可信度。

伍、可評估性評估

　　可評估性評估是由學者Wholey與其同僚在美國都市計畫研究所（The Urban Institute）率先提倡的。因為渠等觀察到政策評估的研究發現之所以不受重視，係導源於評估者並未深入思索方案的建構與執行方式，是否值得爾後投注資源進行評估，抑或忽略方案設計的方法論本身，是否具有可行性的問題（Rutman, 1980: 9）。

　　Wholey等人為使評估成果能夠用來改善方案的設計與績效，以達成有效方案的最終目標，因而開始積極倡導「預評估分析」（preevaluation analysis）的理念。而此理念又與實用主義（pragmaticism）和政治現實主義（political realism）的基本哲學密切相關（林鍾沂，1994：121）。蓋渠等深信，唯有方案管理者與政策制定者在進行評估前，就事先對於政策目的的實際可測量性、政策績效指標的適當性，以及資訊的預備用途等達成一定之默契，評估的研究發現方能有助於方案的改善。因此，可評估性評估可以說就是用來設法達成上述共識的一套分析程序（Rutman, 1980: 11-13）。換言之，可評估性評估乃進行全面性評估的基礎。

　　可評估性評估所關心的議題有二（Rutman, 1980: 36-37）：其一，方案的建構方式是否能夠禁得起評估效能的考驗；其二，評估在達成研究目的的可行性之程度。對前者而言，政策要素以及目標與效果都應該考慮到未來進行評估時的便利性。因此諸如方案文件的檢視、面訪，以及蒐集現場資訊等，皆可作為分析方案的程序；就後者而言，可行性評估或方案分析（program analysis）就是一套系統性的分析技術，蓋其可指出方案設計與輸送上可能存在的缺失與爭議，無形中即可提升方案的執行力，並強化方案的可評估性，亦有助於促進方案的可管理性（manageability）。

　　一般而言，完善的可評估性評估將能夠有效提升評估的效用與可信賴度。不過，一政策之所以能夠加以評估，必須滿足三項基本條件：其一，要有明確的政策；其二，要有明確的目標或結果；其三，政策行動和目標／結果之間也要有明確的假定（Dunn, 1994: 412）。

　　基於這項前提，有關可評估性評估的操作流程，包括（Rutman, 1983: 45-58; 1980: 87-121）：首先，評估者應備妥政策的文件模式（documents model），以利評估者了解政策的目標、政策的要素和輸出面，以及兩者之間如何連結的問題。不過，文件模式如何規定是一回事，而政策管理者與重要幕僚成員如何看待它，卻又是另一回事，因此評估者必須與他們面談，了解他們對於政策的看法，並且發展出一管理者模式（manager model）。事實上，不論文件模式和管理者模式怎麼規定，它們皆不足以真正了解政策的實作情形以及可能產生的影響類型。因此評估者必須走訪現場，探究政策的實作狀況，以便提供管理者在決定評估方式時的參據。透過文件模式、管理者模式與現場蒐集的資訊作輔助，接著評估者必須確認，究竟哪些政策要素以及目標與效果是評估研究所應該慎重考量的。這些判準包括：政策要素是否界定清楚，並且能夠依照規定加以執行？政策目標與效果是否明確？政策活動與政策目標之間的因果連結的可信度如何？此等判準乃為有效用評估之前提。而方案模式（program model）都可以反映上述判準，並且替研議中的評估之可行性分析作妥規劃。可評估性評估得出的報告，有助於提示管理者決定，有關即將上場的評估所應回答的若干關鍵問題。最後，評估者必須決定評估程序的可行性。換言之，評估者應慎重考量究竟要評估些什麼？以及所需花費的成本究竟有多少？當評估者對於研究目的與執行所需的方法論慎重考量之後，便可以適當而合理地決定實際評估所應涵蓋的政策面向。

　　Dunn（1994: 416）將上述過程稱之為「使用者調查分析法」（user-survey analysis），亦即試圖藉由一系列開放式問題所構成的訪問提綱，針對意欲使用者或其他利益相關人，蒐集有關政策或方案可否加以評估的資訊。大抵上，訪問提綱的內容（請參見表4-5）與上述可評估性評估的流程，可謂大同小異（Dunn, 1994: 412-413），其包括：

1. 政策方案的明確化（policy-program specification）。
2. 政策—方案的資訊蒐集（collection of policy-program information）。

📖 表 4-5　使用者調查分析訪問提綱

可評估性評估步驟	問題
政策—方案明確化	1. 政策或方案的目的為何？
	2. 達成政策或方案目的之根據為何？*
政策—方案模型化	3. 達成目的需要仰賴何種政策行動（例如資源、指引、幕僚活動）？
	4. 為什麼 A 行動會導致 O 目標？**
政策—方案可評估性評估	5. 各種利益相關人（例如國會、OMB、州稽核總長、市長）對於政策績效抱持的看法為何？這些期待是否一致？
	6. 達成目標的最大阻礙為何？
將可評估性評估結果回饋給消費者	7. 你工作上所需要的資訊是什麼？為何需要呢？
	8. 目前的績效資訊是否足夠？其原因何在？
	9. 明年你所需要的最重要資訊來源為何？
	10.評估應處理哪些關鍵議題？

附註：

* 解答此等問題將有助於產生目標的操作性測量。

** 解答此等問題將可以釐清行動與目標之間關係的因果假設。

資料來源：Dunn, 1994: 415

　　3. 政策方案的模式化（policy-program modeling）。

　　4. 政策—方案的可評估性評估（policy-program evaluability assessment）。

　　5. 回饋可評估性評估給使用者（feedback of evaluability assessment to users）。

　　研究指出，大多數的評估結果之所以效用不高，乃出於政策的可評估性未臻成熟，在草率對政策作認知的情況下，便逕予評估，因而評估者與評估資訊的使用者之間，非但不了解政策行動與目標之間的因果連結關

係，亦未形成任何有關政策績效指標的共識，更無法確認政策的哪些部分符合有效用的評估之條件，值得進行深入評估，致使評估結果與實際決策需求發生嚴重脫節，研究報告對於政策績效的改進自然也就毫無貢獻可言。然而，就前述可評估性評估的操作流程而言，可知它不僅是一項評估技術，亦爲一套管理決策過程所必備的分析程序（柯三吉，1993：134），對於決策輔助的貢獻匪淺，自當能大幅改善前述缺失。

陸、腳本撰寫法

　　根據Patton與Sawicki（1993: 313-315）以及Quade（1989: 198-200）的論述，腳本撰寫乃評估政策選案與呈現政策分析結果的一種技術，其旨在藉由事件的合理連鎖關係（a reasonable chain of events），推演其未來可能的發展趨勢，故可強化我們對特定政策潛在結果的察覺能力。

　　所謂「腳本」，係指一種針對狀況所作的描述或預測，我們假定此種狀況一旦發生，擬欲分析、設計或評估的系統或政策，勢必將演變成某種結果。因此，「腳本撰寫」乃指從現在至可見的未來，針對若干可靠的（但假設的）事件之邏輯順序，所作的一種構思，其可清楚勾勒出足以改變政策情境之假設性未來事件的整體輪廓。是以，該技術不僅在探測潛在的軍事與政治危機廣受矚目，更由於它能明確指陳採納各種政策選案可能面臨的結果，故應用在評估階段，其便可協助分析者深入思考各種選案的贊成或反對之立場及理由。

　　基本上，腳本撰寫可以分爲「向前追蹤」（forward-mapping）與「向後追溯」（back-mapping）兩種形式。前者有助於確認執行問題；後者的貢獻在於確認可行的政策選案。

　　腳本撰寫的焦點不僅投注在政策分析過程的政治性與質性要素，也能描述即將付諸執行的政策選案之未來結果。

　　分析過程之前所蒐集的政治性資料，可作爲腳本撰寫的資料來源。首先，分析者應概述一般性政策領域，並且爲擬欲分析的政策選案作好準

備。政策選案的內容應仔細描述相關政策參與者、主要利益相關團體，以及折衝妥協的領域。接下來的工作就是撰寫腳本。簡言之，腳本撰寫可分為如下的步驟（吳定，1994：142）：

1. 確定哪些人或機關組織會對選案的採納採取贊成或反對的立場。

2. 就每一個參與者的動機（motivation）加以分析，亦即設法獲知他對方案的需要、願望或目的是什麼。

3. 就每一個參與者的信念（beliefs）加以分析，亦即設法獲知他作決策時所秉持的價值系統或參考架構是什麼。

4. 就每一個參與者的資源（resources）加以分析，亦即設法獲知他在政治上擁有何種的權力、地位及影響力。

5. 就選案及其行動被決定的場合（sites）加以分析，亦即設法獲知方案將被決定的確切時間、地點及機關等。

由於腳本能顯示政策選案採納與否的原因，亦可指出選案被採納所必須經歷的步驟，故其可作為服務對象分析報告中的一部分或全部。通常完整的政策分析包含諸多腳本，其中一部分為有關典型的任務、條件與限制；其他則會提到在獨特的、不可能的，甚至是極端的條件下，政策可能產生的結果。儘管只有其中一腳本被視為是最終報告，不過在此之前分析者早已審度數種版本。這些版本之中，以「樂觀腳本」（optimistic scenario）與「悲觀腳本」（worst-case scenario）剛好位居政治光譜極好與極壞情況的兩個極端。至於兩個極端之間則是由數個「中介腳本」（middle-range scenarios）所構成。

申言之，所謂「樂觀腳本」，係指偏好的方案最終被當局所接受的情況。此一腳本描述政策過程的錯綜複雜，從過程中探索不同路線，這其中包含所有相關的角色，探究他們的信念、動機和資源，以及預測在正常狀況下可能出現的結果。所謂「悲觀腳本」，其背後理念是以系統方式思考可能出狀況之處，洞察此等潛在的危險並發出警訊，並且模擬狀況發生時的應變之道。至於介乎兩者的諸多「中介腳本」，可以提供有關其他可能

結果的資訊，例如決定被延誤、建議案偏離目標、臨時狀況發生，或政策被打回票等情況，掌握此等資訊均有助於提升日後政策被採納的可能性。由此看來，中介腳本能夠修正樂觀腳本過於樂觀，以致忽略微小問題和陷阱的缺陷。

　　換言之，腳本撰寫能夠確切指陳新方案和建議之優劣點，有助我們全盤考量各種可能突發狀況的發生，並闡述正反兩造所持的論證依據，故論其作用，則腳本不僅能鋪陳分析場景（scene for analysis），亦可作為一種溝通媒介（communication device）。職是，以一位從事分析的新手而言，腳本對於個人消費（personal consumption）可謂極富價值的，蓋其決定所有可供採行的方案是否均經過慎重考量，並且檢測個人獨自思考的方案之內部一致性情形。若就一位老手而言，腳本則可以估測政治決定的結果，提供服務對象一些參考建議，並且以一種逗趣和富有創意的方式呈現分析結果。不過若腳本在撰寫過程並不周延以致產生偏見，則可能誤導分析的方向，此為使用腳本必須注意之處。

　　所謂互動集思，乃強調評估參與者之間，在開放的氣氛下，交流互動彼此的觀點，抑或透過某種論辯機制進行政策對話，而最終結論則植基於團體互動下得出的智慧產物。茲以腦力激盪法、政策德菲法與論證分析法為例，進行闡述。

柒、腦力激盪法

　　根據Patton與Sawicki（1993: 241-244）以及Dunn（1994: 173-176）的論述，腦力激盪法乃1930年代至1950年代，為激發人類潛在的創意思考能力，由Osborn精心設計出來的一套技術。其後，此一理念則普遍應用在思索問題的解決之道上，是以評估者透過該法，即可善用集體智慧，開拓多角化建構政策問題情境的空間，以凝聚解決政策問題的共識，並提出創造性的構思與因應策略。

　　組成腦力激盪團體的方式，包括非正式的、簡潔的會議與結構上較

為嚴謹的會議。是以，分析者可根據其目的與實際的情境限制，斟酌使用結構性的或非結構性的腦力激盪小組。一般而言，政府機關和公私智庫（think tank）通常組成非結構性的腦力激盪小組，其成員是由諸多領域的專家或通才人員共同組成，並且以一種非正式的互動方式討論相關的政策問題。至於結構性的腦力激盪小組，則須透過某種設計方式來協調和促進團體成員之間的討論，例如連續性的決定討論會（continuous decision seminars）即為其中的一種設計方式，此種討論會是由若干受到高度激勵的專家所組成，他們在數年之內經常有碰面的機會，因此可避免傳統委員會氣氛過於僵化的缺點。

然而，「腦力激盪」一詞經常為人所濫用，因為它經常被誤認或簡化成，當一群人共同商討一個問題及其潛在的解決之道時，即為進行所謂的腦力激盪。事實上，Osborn的原意並非如此，蓋參與者的遴選必須考量是否為某個問題領域的學有專精人士，會議過程亦非如想像中的鬆散。舉例而言，在發展意見階段，會議內容即應盡量避免出現評估與批評聲浪，意見評估必須於稍後舉行的會議方進行討論。最後則將可供參考的解決之道加以排序，或綜匯成一套問題解決方式。

因之，腦力激盪會議的基本原則大致為：制止批評、鼓勵暢所欲言（free-wheeling）、累積分歧的意見、設法組合與改善意見。不過，該法最重要的概念還是強調所謂的「暫緩判斷原則」（deferment-of-judgment principal）。準此，腦力激盪法可以歸結為三項特性（丘昌泰，1995：206）：

1. 連鎖反應效果（chain reaction effect），使得某一方案能夠刺激另一方案的出現。

2. 競爭對手的衝擊（rivalry impact），某人所提出的意見可能刺激另一種意見的出現，並加以改善，競爭也使得參與者更加賣力。

3. 正面強化效果（positive reinforcement），提出點子的人加以獎勵，並將批評降至最低，無形中促進了方案品質。

一般而言，腦力激盪法有五項實施步驟：

1. 根據問題情境之本質，組成腦力激盪小組。組成分子必須對於政策問題具有充分的認知。

2. 腦力激盪的過程中，理念產出與理念評估階段，應嚴格區分，避免因理念評估的過早實施，戕害其他理念脫口而出之契機。

3. 理念提出的階段，應保持輕鬆、開放的氣氛。

4. 理念評估的階段，應俟所有理念皆提出後，方可著手進行。

5. 理念評估階段結束後，腦力激盪小組才將此等意見，依優先順位加以排序，並擬妥建議書，闡明政策問題的情境及其可能的解決之道。

綜上所述，腦力激盪法的主要特點在於運用集體智慧，而非個別專家的意見來建構問題，亦即不強調邏輯上的一致性，而係以達成團體共識作為問題建構的績效判準。故而，其缺點在於若干不同意見很可能會受到受壓抑，致使適當的意見、目標和策略無法有呈現的機會。

捌、政策德菲法

政策德菲法乃一項廣受公私部門應用的預測技術。早在1948年，Rand公司的若干研究人員即發展出德菲法，此後即普遍應用在軍事、教育、科技、行銷、運輸、大眾傳播、醫藥、資訊處理、研究發展、太空探測、住宅、預算與生活品質等領域。而此法原係強調專家使用經驗資料以支持其預測，及至1960年代，有關價值問題的預測也應用到此項技術。

由於委員會、專家小組，以及其他團體思考過程，在應用上經常出現溝通不良的情形，如團體為少數人把持、被迫同意同儕團體意見、個性差異與人際衝突，以及難以公開抗拒權威人士等，因此德菲法的應用，乃秉持以下五點基本原則（Dunn, 1994: 242-243；吳定，1994：174-175；張世賢，1991：174-175）：

一、匿名（Anonymity）原則

　　所有參與的專家學者，嚴格遵守匿名原則，不公開發言者的身分。

二、複述（Iteration）原則

　　由主持人蒐集參與者之意見並公布周知，如此反覆進行數回合，其間准許參與者在參酌其他人之判斷後，修正其先前判斷。

三、控制性回饋（Controlled Feedback）原則

　　令參與者回答預先設計之問卷，並使其對集結起來的判斷論證作總體衡量。

四、統計性團體回答（Statistical Group Response）原則

　　對所有參與者的意見作綜合判斷時，通常視其「中數」（median）、「離勢」（dispersion），即「次數分配」（frequency distribution）情況而定。

五、專家共識（Expert Consensus）原則

　　德菲法最主要目的在形成能使專家獲得共識的情況，而得出最後的結果。

　　至1969年代末期，為了迎合政策問題的複雜性，上述原則開始出現修正，亦即從原先處理技術性主題所要求的達成團體共識，轉為以一種類似辯證觀點來看待政策議題的解決之道。因此除了前述的複述原則與控制性回饋原則保留外，另引進幾項創造性的原則（Dunn, 1994: 243-244；吳定，1994：175-176；張世賢，1991：175-176）：

一、選擇性匿名（Selective Anonymity）

參與者只有在預測進行的前幾回合採匿名原則，但當爭論政策選案時，他們必須公開為其論點辯護。

二、具有智性的多面倡導（Informed Multiple Advocacy）

選拔參與者時，其標準為「利益」（interest）與「淵博」（knowledgeableness），而非專業知識（expertise），即盡可能遴選代表各方利益的具有智性的倡導參與者。

三、回答統計兩極化（Polarized Statistical Response）

在總結參與者的判斷時，著重於各種不同意見及衝突論點的衡量。它也許會使用到中數、範圍與標準差等測量方法，但它又從個人之間與團體之間正反兩極意見的測量予以補充。

四、結構性衝突（Structured Conflict）

基於衝突為政策議題的一項正常特點之假定，特別致力於從各種不同的意見及衝突的論點，探測各種可能的政策方案及其結果。

五、電腦會議方式（Computer Conferencing）

電腦在可能情況下，被用來處理各個參與者匿名互動的連續過程，因而可免除一連串各別的德菲回答方式。

政策德菲法主要實行步驟如下（Dunn, 1994: 244-249；吳定，1994：176-177；張世賢，1991：176）：

一、議題明確化（Issue Specification）

即分析者應決定何種問題將付諸討論，最好能先發展出一份問題一覽表，以供參與者增刪。

二、遴選倡導者（Selection of Advocates）

即採取適當選樣方法，遴選能代表立於衝突立場的倡導者組成德菲小組。所謂「雪球取樣法」（Snowball Sampling）即爲可行方法之一。

三、設計問卷（Questionaire Design）

分析者先設計第一回合的問卷，然後根據第一回合問卷回答情況，再設計第二回合的問卷，依此類推。通常第一回合的問卷可以含有幾種問題類型：1.預測項目（forecasting items）；2.議題項目（issue items）；3.目標項目（goal items）；4.選案項目（option items）。

四、分析第一回合結果（Analysis of First-Round Results）

在問卷回收後，就參與者之回答，作總體的衡量，將集中趨勢、離勢、兩極化的分布範圍即程度表明出來。

五、發展後續問卷（Development of Subsequent Questionnaires）

前一回合的結果作爲下一回合問卷的基礎，政策德菲法通常進行三至五回合。

六、組成團體會議（Organization of Group Meeting）

將參與者集合在一起，面對面討論各自立場所根據的理由、假設與論證，同時接受回饋資料。

七、撰寫報告 （Prepare Final Report）

　　參與者的意見到最後不一定取得共識，但對問題、目標、選項及其結果的意見，則可能得到最具創意的總結，此亦即政策德非法的最終產物。最後報告應羅列各種論題及可行方案，並說明不同立場及其論證。此報告即可作為決策的參考依據。

　　表面上看來，政策德菲法的操作程序可謂相當耗時，不過也由於其程序之漫長，才能將原先多元歧異的觀點逐步收斂，即便參與者最後仍未達成一致共識，但其討論過程所呈現的多元辯證觀點，依舊可啟發評估者一有關政策預期結果的全盤思考架構，而不至顧此失彼，形成決策偏頗。

玖、論證分析法

　　論證分析法乃提供我們一政策論辯之理性架構。基本上，該架構係要求正反兩造（或多造）在提出政策主張之際，必須就其主張所根據的立論明白闡述，以供他人檢視其邏輯推論過程，或立論本身所植基的立場與假定，異議人士尚可藉此機會提出其抗辯依據。至於最終的結論主張，則須視兩造（或多造）資訊本身所具有的說服力而定，而該政策主張進一步即作為研擬政策方案時的參酌依據。此一論辯推理過程，即一般所謂的「政策論證」（policy argument）。

　　政策論證包含六種要素（Dunn, 1994: 65-68）：政策相關資訊（policy-relevant information，以I為代表）、政策主張（policy claim，以C為代表）、立論理由（warrant，以W為代表）、立論依據（backing，以B為代表）、駁斥理由（rebuttal，以R為代表）與可信度（qualifier，以Q為代表），茲說明如下（請參見圖4-2）：

一、政策相關資訊

　　分析者運用多元方法產生的政策相關資訊，乃為其掌握的證據。因

此有關政策問題、政策遠景、政策行動、政策結果和政策績效等類型的資訊，都可以各種不同模式加以闡述。例如有關政府能源政策，我們即可指出：統計結果顯示，核電廠的發電效率是傳統發電方式的二倍至三倍。

二、政策主張

　　政策主張係政策相關資訊的邏輯性結果，也是政策論證的結論。換言之，當某一社群內部針對政府是否應該興建核電廠，而提出贊成與否的觀點時，必須具體闡述其贊成或反對的立論依據，例如核電廠的發電效率較高，所以政府應該動工興建。

三、立論理由

　　立論理由係分析者將政策相關資訊轉化為政策主張的一項假定。立論理由可能包含數種假定：權威的（authoritative）、直覺的（intuitive）、分析的（analycentric）、因果的（causal）、實用的（pragmatic）與價值批判的（value critical）。因此，倘若某一方主張政府應動工興建核電廠，它的立論依據很可能是基於能源的迫切需求性。

四、立論依據

　　在論證的過程中，前述的立論理由可能失之空洞，因此必須再仰賴額外的假定或論證，是以立論依據的功能即在補強立論理由。立論依據的形式包括：科學法則、訴諸專家權威和倫理道德原則。

五、駁斥理由

　　對政策主張而言，駁斥理由係指政策主張或其立論理由，不能被接受或在某種條件不可能被接受的結論、假定或論證而言。

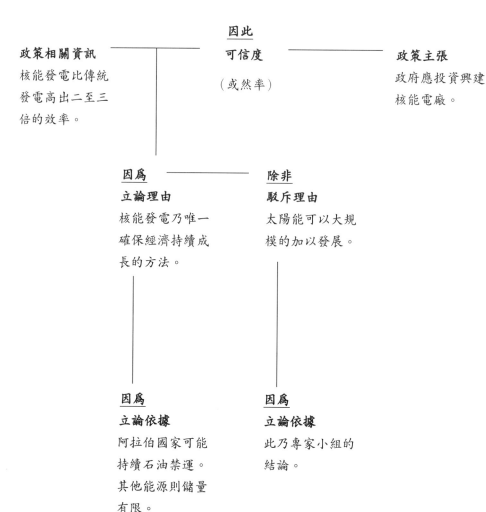

因此
可信度
（或然率）

政策相關資訊
核能發電比傳統
發電高出二至三
倍的效率。

政策主張
政府應投資興建
核能電廠。

因為
立論理由
核能發電乃唯一
確保經濟持續成
長的方法。

除非
駁斥理由
太陽能可以大規
模的加以發展。

因為
立論依據
阿拉伯國家可能
持續石油禁運。
其他能源則儲量
有限。

因為
立論依據
此乃專家小組的
結論。

圖 4-2　政策論證之要素

資料來源：Dunn, 1994: 67

六、可信度

可信度通常係以或然率來表示政策主張可以被接受的程度。因此，當
分析者對於政策主張完全確信時，就無須再以或然率來表示其可信度。

　　政策分析者欲將政策相關資訊轉化成政策主張，必須仰賴某種推理過程作為媒介，而此一媒介即為政策論證的各種模式。一般而言，政策論證可以分為下列八種模式（Dunn, 1994: 100-101）：權威模式（authoritative mode）、統計模式（statistical mode）、類別模式（classificational mode）、直覺模式（intuitive mode）、分析模式（analycentric mode）、解釋模式（explanatory mode）、實用模式（pragmatic mode）與價值批判模式（value critical mode）等八種，茲分述如下：

一、權威模式

　　權威模式的政策主張是以權威（authority）為基礎。因此，政策資訊之所以轉化成政策主張，乃根據政策相關資訊產出者本身所具備的成就（achieved）或歸屬（ascribed）地位之假定。

二、統計模式

　　統計模式的政策主張是以樣本（samples）為基礎。因此，政策資訊之所以轉化為政策主張，乃根據樣本的調查結果將足以推論到其他母群體身上之假定。

三、類別模式

　　類別模式的政策主張是以成員屬性（membership）為基礎。因此，政策資訊之所以轉化成政策主張，乃根據成員之間具有共通屬性或特質，因此有關態度、意見和觀點也可能趨於一致的假定。

四、直覺模式

　　直覺模式的政策主張是以洞察（insight）為基礎。因此，政策資訊之所以轉化成政策主張，乃根據政策相關資訊的產出者，其內在的心理狀態之假定而來。

五、分析模式

分析模式的政策主張是以方法（method）爲基礎。因此，政策資訊之所以轉化成政策主張，乃根據分析者所採用的方法或規則之效度的假定而來。

六、解釋模式

解釋模式的政策主張是以因果關係（cause）爲基礎。因此，政策資訊之所以轉化成政策主張，乃植基於因果的假定。

七、實用模式

實用模式的政策主張是以動機、平行案例（parallel case）、類比（analogy）爲基礎。因此，政策資訊之所以轉化成政策主張，乃根據目標、價值和意向的激勵力量之假定；兩種或多種決策案例的相似性之假定；兩種或多種政策情境所發現的彼此關係之間的相似性之假定。

八、價值批判模式

價值批判模式的政策主張是以倫理（ethics）爲基礎。因此，政策資訊之所以轉化成政策主張，乃植基於政策的優劣良窳及其結果之假定。

綜上所述，政策論證乃試圖建立採納一項政策所憑藉的良好依據。政策論證包含兩種前提：一爲規範性前提（normative premises），係指政策目標合乎規範上的周延性，亦即從倫理和道德角度觀之，都值得採納該項政策；另一爲經驗性前提（empirical premises），即指在既定的系絡下，政策行動確能有效達成政策目標。故而，政策論證的理念乃綜匯了經驗性與規範性前提，而其主要任務也是在檢證有關前提可否被接受與是否周延的問題（Paris and Reynolds, 1983: 3-4）。

準此，政策論證乃決策者評估政策選案時的一種分析工具，蓋一項政

策之所以能被接受或採納，係取決於該政策的立論依據是否具有充足的說服力，而政策論證的架構，其觸及面業已涉及政策主張的基本假定，因此進行政策辯論時，不僅有助我們辨識政策倡導者個人決策所植基的參考架構與意識形態，亦提供檢視該政策主張依據的事實與價值之契機，故論證過程不僅縱深評估的實質內涵，同時也形塑民主政治彌足珍貴的「政策論壇」（policy forum），而非如實證主義方法般，僅環繞在經驗性事實的成立與否之上打轉，而有形成偏狹的政策主張之虞。

茲將上述詮釋論典範的政策評估方法彙整如表4-6。

■表 4-6　詮釋論典範的政策評估方法

方法	意義	特色
深度訪談法	係指訪談者透過開放式問題，詢問受訪者的意見，以探索受訪者深層的內心世界並接近其觀照取向為最終目的。	深入了解當事人的看法，避免評估者的預設主導研究的進行。
焦點團體法	由七人至十人所組成的團體，針對某項議題，進行為時約一個半至兩個小時的訪談，而訪談過程所激發的團體動力，即為質性資料的來源。	如實地捕捉團體在真實情境下互動的動態本質，且研究過程彈性，資料蒐集常有意外收穫。
參與觀察法	評估者親自投身現場，實際參與被評估的事件，從情境脈絡和當事人的角度，深入體察該事件所蘊涵的整體意義。	研究設計彈性，提升局外人的感同身受與詮釋政策問題的能力。
非介入性測量	在調查訪問進行前後，評估者在不干擾受訪者，也不需受訪者填問卷表的狀況下，藉由對其他事務的觀察或測量，使得到的資料可以佐證或增強調查研究時所得到的結論。	補充性的資料來源。

■表 4-6　詮釋論典範的政策評估方法（續）

方法	意義	特色
可評估性評估	透過一系列開放式問題所構成的訪談提綱，針對意欲使用者或其他利益相關人，蒐集有關政策或方案可否加以評估的資訊。	進行全面性評估的基礎，提升評估效用。
腳本撰寫法	乃指從現在至可見的未來，針對若干可靠的（但係假設的）事件之邏輯順序，所作的一種構思，其可清楚勾勒出足以改變政策情境之假設性未來事件的整體輪廓。	係指藉由事件的合理連鎖關係，推演其未來可能的發展趨勢，以強化我們對特定政策潛在結果的察覺能力。
腦力激盪法	激發人類潛在創意思考能力的一項技術。	運用集體智慧，達成團體共識為依歸。
政策德菲法	選擇若干學有專精的專家，設計一套問卷，並以匿名方式對這群專家不斷進行測驗，以獲取專家的共識。	收斂多元分歧的觀點，獲取創意總結，討論歷程的事項，亦可提交決策參酌使用。
論證分析法	係由政策相關資訊、政策主張、立論理由、立論依據、駁斥理由與可信度等六項要素，構成一政策論辯之架構。	檢視政策主張的基本假定，以及所植基的論證模式。

資料來源：作者整理

CHAPTER

5

兩種典範評估邏輯之釐探

　　Morgan於《*Beyond Method, Strategies for Social Research*》（1983）乙書中曾經指出，社會研究的過程中，我們選擇或偏好某種類型的方法論，乃源於心中早已存在的明示或默示的概念。例如，運動選手之所以會選擇網球拍而非高爾夫球杆去打網球，係因對打網球需要何種球具配合，早已有所定見使然。惟日常生活中，此等定見卻經常被我們視爲理所當然，而未加細究。有鑑於此，Morgan便運用類似概念，將該書二十一種不同的研究策略所蘊涵的假定與實務，進行縱深剖析，以突顯其間研究邏輯上（即從本體論、認識論與方法論三者）的差異。表5-1即說明研究者偏好某種研究實務，先天隱含的本體論或認識論之前提。

　　換言之，不同典範下的基本假定，勢必將影響研究者偏好的評估方法（Patton, 1982 and 1997；吳瓊恩與張世杰，1994）。舉例而言，源自自然科學的假設—演繹（hypothetico-deductive）方法論的優勢典範，深受農業上實驗傳統的影響所及，其目標在於預測社會現象，因而假定量化測量、實驗設計、多變量的統計分析乃「正統」科學的典型，並且廣受實務界使用。相應於此，全觀—歸納（holistic-inductive）的典範，其源自人類學田野研究的傳統，研究旨在理解社會現象，故偏好使用深度、開放式訪談和個人觀察，與被研究的對象緊密互動後，而得出大量的質性資料、全觀分析和密集描述。簡言之，不同的世界觀指導著不同的探究方法，因此選擇評估方法絕不單僅止於工具性的意義，尤其涉及評估者本身對周遭世界不同假定使然。

　　本文先前業已就政策評估的方法論、理論與方法加以論述，爲求更具系統地了解，本章擬進一步援引Morgan的概念，試就本體論、方法論、評估方法和技術三個層次，綜合析究實證論與詮釋論兩種典範的「評估策略」，深入了解其間研究邏輯上的差異後，最後則擬由「實踐主義」（praxisism）的立場，從詮釋論典範的角度，整合質性與量化評估方法，以期調和兩種評估策略上之對立觀點，達成評估效用極大化的實用目的。

▣表 5-1　分析不同研究策略邏輯之架構

基本假定（典範）	我們之所以採行特定的研究策略，乃出於對本體論與人性的一種明示或默示的假定網絡，從而左右了研究者對社會世界所抱持的觀點。此等假定提供從事研究的基礎，無意間研究者會狃於以一偏好的觀點來透視或詮釋世界。藉由說明研究者對人類周遭世界的假定，我們便可確切指出作為探究基礎的基本典範。
認識論立場（隱喻）	科學知識的產生乃研究者具體化其根本假定所致。社會現象的多種隱喻（經常係透過一偏好的喻象來表達），提供了一種建構科學探究的手段，並以一種獨到方式形塑注意力。隱喻支持一種特定的認識論立場，即意味著某種洞見、理解和解釋較為彌足珍貴。不同的根本假定和隱喻透過這樣具體化的途徑，便產生了社會世界不同的知識基礎。
偏好方法論（解謎）	對於即將被調查的現象所發展出來的隱喻，提供了檢視詳盡科學研究的基礎，在某種程度上可能對於源自現象而生的隱喻的細部面向，加以運作化和測量。透過隱喻所產生的特定研究概念和方法，現象的知識才能從中獲取。是以，方法論乃是一種解謎的設計，透過這樣的設計來連結現象的隱喻以及現象本身兩者間存在的鴻溝。方法論根據規則、程序和一般協定，將蘊涵於研究者的典範和偏好的認識論的立場之假定網絡加以運作化，由是連結了研究者與被研究的情境。

資料來源：Morgan, 1983: 21

第一節　實證論典範的評估邏輯架構

　　有關實證論典範的探究方法論，我們已於第二章詳加說明。概括言之，該研究邏輯的最大特徵，莫過於研究者從一般性（先驗）理論中推演出若干假設，將此等假設操作化後，俾進行觀察、實驗和資料蒐集等程序，通過假設測試之驗證過程，即可檢驗理論的真實性，此一程序即一般所謂的「假設—演繹的方法論」。然信奉此一研究邏輯的評估者，自當有其潛在的價值規範與假定，主導其研究的態度與思緒，本文將從本體論、方法論，與研究方法三者，進行有系統地說明，以闡釋方法爭辯背後隱藏的典範考量。

壹、本體論

　　實證論者認為現實世界獨立於心靈之外，其本質乃單一的、有形的、可拆解的，而且具有客觀獨立性，並依循若干不變的自然法則運行，研究者只要依循科學程序與方法的指導，便可輕易掌握此等因果形式的法則，進而釐清變數之間的因果關係，達成描述、解釋與預測人類社會秩序的最終目的。

貳、方法論

　　實證論者奉行「主客二元論」（subject-object dualism）以及「價值中立」（value neutrality）的研究主張，強調應將人們的主觀價值排除於研究之外，改以客觀的研究方法來進行研究，並採用假設—演繹的驗證邏輯程序，深信諸多假設唯有通過不斷的驗證過程，方能去蕪存菁、放諸四海，俾建立超越時空的理論及通則。

參、研究方法

　　實證論者普遍偏好量化研究。基本上，量化研究的最大特色，在於其設法將資料蒐集的面向，侷限於預定的、標準化的回應範疇（predetermined, standardized response categories），如此所有的方案參與者，便能就預定分析範疇內所設定的標準化尺度之相同題目予以回應，是以評估者透過問卷、測驗、標準化的觀察工具和方案紀錄（program records）等資料蒐集管道，即可在一些有限的題目中測量出被研究對象的反應，俾利後續資料的統計分析。

　　職此，由於實證論者對社會實體的認知，故認為「價值中立」是最為客觀的研究立場。復因抱持知識累積論的觀點以及為釐清直線因果關係之需求，渠等關注的是如何使研究能符合科學標準程序，是以控制研究情境的變數，乃提升研究精確度的必要條件。此外，研究者進行資料蒐集之前，也必須先從理論演繹出假設，預定好變數之間可能存在的關係後，再透過調查、實驗、結構性的觀察等「非人的工具」，測量政策施行成效，進而建立一個可以解釋並預測未來的一般性通則。準此，量化和實驗方法不僅最能夠滿足系統性的資料蒐集之要求，而且具有客觀性、標準化與信效度的優點，乃檢驗假設—演繹類推性的理想評估工具。

第二節　詮釋論典範的評估邏輯

　　詮釋論典範的評估邏輯，明顯地與實證論典範的「由上而下」、「由理論而事實」的探究過程截然不同，本質上係為一種非驗證的邏輯，因此強調以開放的胸襟面對探究的問題，而非檢驗由理論推演出來的假設。以下，我們亦分別就本體論、方法論與研究方法三者，闡述其評估邏輯之脈絡。

壹、本體論

　　詮釋論者信奉相對主義的本體論（relativist ontology），否認有單一、客觀實體的存在，轉而強調社會實體是經由多元觀點相互建構而成的，而人與人之間日常生活的互動，即為積極創造與建構實體的一種歷程。每一個人固有其觀看實體的獨特角度，然個人所投射的實體很可能宛如瞎子摸象般，無法求其全貌，是以社會建構論者便認為，實體唯有歷經共同認可的程序，如Guba與Lincoln（1989）的「詮釋辯證歷程」或Fischer（1995）的「實際對談」（practical discourse），方能暫時性地勾勒出實體的概觀。由此可見，實體乃無時無刻不處於流變狀態，根本無法如實證論者所言般，有明顯、永恆的輪廓，可以任憑嚴謹的科學方法，輕易地掌握與控制。

貳、方法論

　　詮釋論者業已體認實體的演化、流變性，研究者如何深入理解被研究者的主觀意義、價值信念，便顯得格外重要，故渠等抱持「一元論的主觀主義認識論」（a monistic, subjectivist epistemology）立場，希望能夠從身歷其境的切身感受中，洞察被研究者的心聲，如此研究者不僅要涉入整個研究情境中，直接接觸被研究者，更須設法營造一個互信的氣氛，以利研究的進行。故方法論上主張一互動建構的邏輯（interactive construction logic），強調根據實際相互建構經驗的觀察結果，再決定分析的範疇或面向，而非將先前存在的預設強加於所研究的現象或情境之上，致侷限資料的廣度、深度與細膩性。

參、研究方法

　　根據前述說明，詮釋論者偏好以全觀角度看待問題，並且希望在完全自然、極其彈性、不加操控和無預設的眞實世界情境與研究立場下，進行開放式的探究。故研究方法並不採用結構性途徑，改以側重研究者與被研究者之間的對話、溝通與互動爲主要管道，如現場觀察或訪談，直接引述和詳實描述整個政策或方案的執行過程與結果，切實掌握了了解現象的關鍵。

　　大體上，詮釋論典範普遍信守社會實體處在一種不斷演化的建構歷程，每一位當事人均有其內心投射的世界觀，如何從多元、片面零散的觀點，匯集成一幅實體的藍圖，無疑爲其理論建構的重心。渠等深信，受過專業訓練的訪談者，能夠隨時因應研究情境的需要，機動調整議題焦點與方向，相較於量化方法經常使用的標準化測驗工具之僵化，可謂更具系絡敏感與情境相關，因此是最值得開發的研究工具。這也說明了何以參與觀察、深度訪談、口述歷史、非介入性測量及政策論證等質性方法，備受詮釋論者青睞之緣故。

第三節　實踐主義的評估策略

　　觀諸實證論或詮釋論典範的評估邏輯，典範與評估方法之間，似具有高度的連結關係，不容有絲毫曖昧（Patton, 1982: 193-195）。然兩造爲捍衛典範的正統性及其方法論上的邏輯一致性，迭導致研究者在方法的純粹性之考量上，遠勝於對實質研究議題的關切，嚴重忽略方法只不過是研究者的工具，唯有善用、創造方法方爲正途的道理。易言之，研究者一旦固執於某一典範，似乎理所當然地必須使用該社群所公認的研究方法，例如Guba與Lincoln（1981）便全然否認實驗與準實驗法的優點，因此原本研究旨在探究實體，接近眞相，如今卻環繞在質性或量化兩種方法的取捨上打轉，是以研究方法的爭辯並無助於眞正問題的解決，反而模糊了問題焦

點，甚至予人捨本逐末、倒果為因之譏。

　　持平而論，植基於實證論或詮釋論典範的方法論，應該都只是一種理型（ideal-types），現實世界中殊少有這樣的條件基礎，能夠提供研究者施展如此純粹和統整的方法論（Patton, 1982: 197）。觀諸評估實務上蔚為一股風潮的混合方法（mixed-method evaluation），似正代表若干學者朝整合的方向努力（Waysman and Savaya, 1997; Yin, 1994; Caracelli and Riggin, 1994; Patton, 1982: 204-207）。

　　偏好採用混合方法的人士咸認為，社會現象如此複雜，似唯有結合量化與質性兩種視角（lenses），才能獲得較佳的理解（Waysman and Savaya, 1997: 227）。一般而言，除了兼採量與質的多元方法（multiple methods），來矯正單一研究法的缺失外；實務上另一種作法，即將質性與量化方法擇優取長互補，考量實際的研究需求，分別在研究設計、資料蒐集與分析等不同階段的研究架構中，將兩者混合使用（Patton, 1990: 188-192；江明修，1997：107-109）。是以典型上，研究者為避免因預設過強，而將焦點侷限於釐清少數幾個變數之間的關係，若根據混合方法的建議，即不妨先採自然探究的現場觀察法，抱持開放態度蒐集初步線索，並將其歸納羅致成若干假設，再行驗證此等假設的正確性，甚至可進一步操縱某些變項，以深入了解其間變化。如此，歸納法與演繹法便同時包含於一項評估之中。

　　儘管此種混合策略著重在資料蒐集的實際需求（Patton, 1990: 193），然因其刻意忽視研究方法背後難以共量的方法論基礎（江明修，1997：116），學術立論基礎似嫌薄弱。畢竟，質性與量化方法各有其獨自的假定、邏輯和研究程序，其間缺少不證自明的邏輯連結，是以多元方法在概念層次上，仍舊缺乏一明確的整合架構（Chen, 1990: 27）。

　　爰此，多元方法似因在缺乏明晰主軸的前提下，過度簡化資料證據在解讀上可能面臨的困難；而混合方法又讓人對其模糊的認識論立場，倍覺困惑。至於實證論或詮釋論典範的堅定支持者，彼此間對於方法的使用，歧見仍深，缺乏溝通管道而自是其是（Chen, 1990: 292）。然檢視上述爭辯，對於調和質與量的評估方法之構想，卻頗具意義。

　　政策評估應以極大化決策者的資訊使用需求為考量，並兼顧滿足科學調查之要件（Rossi and Freeman, 1993: 31），惟實用主義的評估策略所強調的方法論彈性的觀點（Patton, 1990; 1982），實不能就此淡化、轉移我們對實體的價值信仰等問題。深入思考，質與量的多元或混合使用，應係屬技術、應用層次的爭辯，也僅有在資料蒐集階段，質與量的方法方有交流與對話的空間；至於哲學或認識論層次，兩者勢將無法尋得交集（Newcomer，沈清松譯，1993）。換言之，典範的統整性不宜執著於典範與方法的固定連結關係，而應以本體或認識論作為統整的基礎。如此說來，詮釋論典範的研究者，只要認清其哲學基礎，即便活用量化研究方法作為研究工具，亦無傷大雅，蓋其與實證論典範的認識論立場，仍舊分明壁壘之故！

　　基於對實體的看法和認識論的信仰，本質上，「實踐主義的評估策略」依舊在一種詮釋的整合架構下發展而成，惟某種程度上，該策略卻也高度肯定量化方法之存在價值（請參見圖5-1）。是以，基於善用評估方法以及對質性評估設計的執著，實踐主義的評估者自宜在掌握質性評估的神韻之前提下，自覺地選擇適當的量化評估工具，多面向解讀、洞察與批判量化資料。

　　舉例而言，研究者對於受訪者就「結構性問卷」所回覆的資料，即應進一步就若干疑點加以探詢，深入了解當事人的看法，如此質性評估的關鍵—互動，即充分體現於量化評估工具的內涵之中；此外，現場經驗所孕育的默會知識，也定當能夠對量化資料多所啟迪（江明修，1997：127），擺脫我們對統計符號、數字與圖表的迷思。準此，量化評估方法不僅應以詮釋論典範的架構為基礎，而問卷調查等量化方法的使用，尤須體現質性評估的研究風格。因之，質性評估常用的個案研究，評估者除可藉由觀察與訪談獲取現場資料外，實無須排拒結構性問卷（實證論者常用的調查工具）的使用（請參見圖5-2），蓋其仍可就受訪者所作的答覆，進一步與其「互動」，深入了解受訪者的其他意見。

　　基此，實踐主義的評估策略，不僅體認社會實體乃社會建構的一種常態歷程，也強調評估者現場經驗的涉入、感受與洞察，對於清晰理解、

勾勒實體的原貌之珍貴（江明修，1997：121-127）。故而，研究者最好能夠在一種「即興的研究設計」（emergent research design）之彈性架構下進行探究，並根據研究議題實際需求，考量蒐集量化資料的必要性，更應輔以現場經驗的洞見與直觀，深究量化資料表面數字背後的實質意涵；尤其是研究者在融入現場氣氛、感受周遭動態之際，保持相當的敏感性與批判、辯證思考的能力，更不容忽視，以免為當下情境系絡可能埋藏的虛假、隱諱不明的意識形態所誤導，如此定有助於建構較具「客觀」與「經驗」意涵的詮釋整合。

　　上述我們業已就實踐主義的評估策略，進行初步的探討，應有助釐清其基本的概念架構。至於，如何將此等理念，具體落實在實際的評估作業流程，基本上應包括下列幾項步驟：

　　一、了解資訊需求的面向與廣度：評估者與評估資訊的使用者，宜共商評估焦點與目的，並考量在既有的評估資源與時限下，希望將評估報告提升至何種品質。採顧客導向的思考模式，預期評估報告最終可能的使用結果，方能將評估效用極大化。

　　二、確認政策利益相關人：利益相關人即瀕臨施政結果的風險的團體，渠等源自對自身利益的關切，勢必對於施政的過程與結果之品質，有其獨特詮釋實體的視角。故初步探究階段，實踐主義的評估者自宜對利益相關人的聲明等價尊重，維持暢所欲言的空間，注意利益相關人的代表性問題，廣泛網羅不同立場的觀點。

　　三、獲取現場經驗：評估者對於利益相關人此起彼落的觀點，必須有一匯聚的管道，俾勾繪實體的概觀，或提供利益相關人協商的論壇（forum），藉由彼此的論辯與批判，突顯議題癥結，發展既有團體的共識性建構，或由評估者深入現場，直接與利益相關人互動，以歸結初步的研究心得。無論如何，評估者都必須具備現場經驗的實際感受。

　　四、擬定評估方法：評估者根據實際研究需要，決定哪些評估方法有助於釐清、浮現問題的真相。是以有關標準化測驗、成本效能分析法、問卷調查、參與觀察、深度訪談與文件資訊等量或質的方法，均可加以考

量。惟探究過程，除了接觸現場外，更必須注入「互動」的色彩，例如評估者對於量化資料的數據，即不妨公開給利益相關人知悉，如此不僅使其了解資料產出的作業流程外，亦能夠傾聽渠等對研究結果的看法，如此即可避免評估者單就統計圖表與數據，恣意詮釋，妄下定論。

五、釐清共識性建構：評估者與利益相關人、資訊使用者，透過再次的協商管道，共同詮釋研究發現。評估者除回應情境需求，發揮感同身受的同理心外，尚應保持適度的中立角色，並根據其專業訓練，針對不合理的詮釋部分，提出個人的質疑，提供利益相關團體，公開檢視的機會。

六、發展個案研究報告：此等報告係就分歧的觀點，歷經多次協商後達成的暫時性共識以及原則性決議（蓋實體處在不斷演化的歷程，不曾停歇，自無所謂永久的共識可言），所為的鋪陳。由於著重建構歷程的載明，因此頗具啓迪之效。此外，對於若干懸而未決、尚存爭議的議題，抑或尚有進一步釐清實體建構的必要時，則須另闢會談的管道，以容納更多的共識性建構。

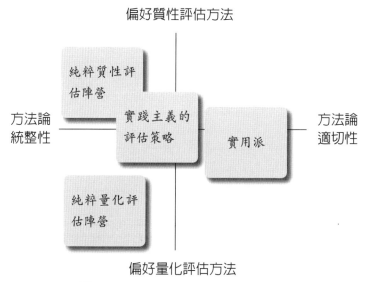

圖 5-1　各種評估陣營之定位

資料來源：作者自繪

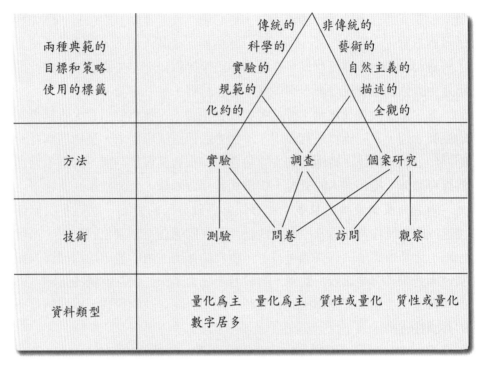

◤ 圖 5-2　兩種典範的方法論承諾

資料來源：修正自 Gilbert and Pope, 1984、Wu, 1997

CHAPTER

6

政策評估的應用：
我國中長程個案計畫之
審議與精進

　　先進國家如英國在實務操作上，政策評估乃被界定爲「使用一套研究方法，系統性地調查政策干預、執行與過程的效能，藉由不同利害關係人社會與經濟條件的改善情形，以決定政策的優點與價值」（UK HM Treasury, 2011）。在此問題背景下，本章主要是從政策評估學理出發，綜整政策評估不同階段的架構與重要評估議題，輔以實務上個案計畫審議之相關研究成果，針對當前行政院所屬各機關中長程個案計畫之審議機制加以討論，期可作爲未來制度精進之參考。

第一節　我國中長程個案計畫之審議機制

　　行政院所屬各機關之中長程個案計畫因涉及經費較多、執行期間較長，且影響較爲深遠，伴隨著民眾對於政府期待日益高升，且政府財務日益拮据之際，行政部門推動的重要計畫，能否被有效執行，達成其預定目標，並發揮其效益，更須被重視（古步鋼與吳美雲，2012：50）。爲提升當前我國個案計畫管理成效，檢討創新管考作爲，持續精進個案計畫之績效管理，沈建中等（2015）提到，爲強化個案計畫管理，但從政策評估角度而言，操作上卻涉及一根本的問題，即如何充實個案計畫的審議項目，以及不同階段的審議項目究竟有何實質差異的問題。學理知識早已告訴我們，政策評估乃應用系統性的資料蒐集方法，針對公共政策概念的形成、設計、執行、結果，與影響等環節，進行各種分析和判斷的一種歷程。

　　目前中央政府施政計畫體制，概分爲二，其一係以「機關整體施政」爲主體之計畫——中程施政計畫、年度施政計畫；另一則係以「業務功能別」爲主體之計畫——中長程個案計畫。中長程個案計畫係各機關業務之具體實施計畫，具有展現機關施政績效之重要性（朱景鵬與賴韻琳，2012：45、48）。行政院爲有效推動政府施政，訂頒「行政院所屬各機關中長程個案計畫編審要點」，強調各機關應依據基本國策及國家中長程施政目標、國家整體及前瞻發展需要、機關任務及中程施政目標、相關法令規定或民意及輿情或重要施政之規劃事項，要求應擬訂中長程個案計畫，

並明定其研擬及審議程序、原則（古步鋼與吳美雲，2012：50）。換言之，如何審議特別是審議項目的設計與安排逐成爲重要議題之一。

依據2015年最新修正之「行政院所屬各機關中長程個案計畫編審要點」，行政院所屬各機關之中長程個案計畫，係指期程二年以上，並依據行政院施政重點、國家發展長期展望、中程國家發展計畫、各機關中程施政計畫及其他重要施政事項所擬訂者。換言之，這類計畫之擬訂規定應以國家發展計畫爲其上位指導計畫，並依據各機關施政計畫研擬個案計畫。國家發展委員會（以下簡稱國發會）將施政計畫及中長程個案計畫，併爲國發計畫中的子篇章，並要求各機關於計畫規劃時須緊密扣合總體發展方向，即期許總體發展規劃足以發揮上位指導的功能（林佳慧，2016：34）。其次，各機關也應參酌其資源能力，事前進行整體資源盤點，瞭解內外環境變遷趨勢及市場供需情形，設定具體目標，評估財源籌措方式及民間參與之可行性，訂定實施策略、方法、分期（年）實施計畫及經費需求。最後，各機關應加強財務規劃，對於具自償性者，須列明自償率，鼓勵民間參與，並研擬完整之財務計畫。

中長程個案計畫之類別有三：1.社會發展計畫：爲預防、解決社會問題，促進社會發展，所研擬具前瞻性、新興性及重大性之計畫。2.公共建設計畫：配合國家發展需要，所研擬重要實質公共建設之計畫。3.科技發展計畫：依據國家重大政策，所研擬科學技術與產業發展需要之計畫。上述三大類計畫之屬性、審議作業流程及預算來源皆不相同，在作業分工方面，社會發展計畫及公共建設計畫係由國發會會同財政部、行政院主計總處及相關機關審議後報行政院核定。至於科技發展計畫，是由行政院科技會報辦公室及科技部會同財政部、主計總處及相關機關審議後報行政院核定。

中長程個案計畫內容如下：1.計畫緣起、未來環境預測、問題評析、社會參與及政策溝通情形。2.計畫目標、達成目標之限制、績效指標、衡量標準及目標值。3.現行相關政策及方案之檢討。4.執行策略及方法。5.期程與資源需求。6.預期效果及影響。7.財務計畫。8.附則：如替選方案之分析及評估、風險評估、相關機關配合事項等。另有「中長程個案計

畫自評檢核表」，其主要之檢視項目含括：民間參與可行性評估、經濟及財務效益評估、財源籌措及資金運用、人力運用、營運管理計畫、土地取得、風險評估、環境影響分析、性別影響評估、無障礙及通用設計影響評估、高齡社會影響評估、跨機關協商、碳中和概念落實、資通安全防護規劃等，此乃著眼於計畫體制及機制必須順應國際趨勢予以調整（朱景鵬與賴韻琳，2012：48）。至於這類計畫之審議事項如下：1.計畫需求：政策指示、民意及輿情反映。2.計畫可行性：計畫目標、環境、財務、技術、人力、營運管理可行性、社會參與及政策溝通成效。3.計畫協調：權責分工、相關計畫之配合。4.計畫效果（益）：社會效果、經濟效益、財務效益、成本效益比、前期計畫績效。5.計畫影響：國家安全、社會經濟、自然環境、性別等之影響。

　　對於中長程個案計畫之審議與管考機制，相關實務研究亦曾提出一些評述。例如，古步鋼、吳美雲（2012：57）指出，有鑑於評估報告簽院者仍在少數、機關同仁參與及投入情形有限、整合型效益評估案執行未如預期等，因而主張檢討效益評估機制，擴大效益評估綜效；強化評估結果回饋機制，作為後續納入計畫執行及規劃審議參考；提升計畫評估職能，持續辦理整合型效益評估；建立獎勵誘因機制，鼓勵跨單位同仁積極參與。彭錦鵬（2013）提出系統性評估框架，以期能綜整「社會發展計畫」與「公共建設計畫」兩大不同類型計畫之構面，進行整合性審議，提升我國中長程個案計畫審議品質。該研究同時建議，中長程計畫核定前之規劃階段，應適當考慮納入民意參與。林佳慧（2016：38-39）指出，目前國家發展計畫所設定的目標，無法透過施政計畫與中長程個案計畫管考機制具體落實，各機關往往會偏向參照過去經驗及成果，並非完全以前瞻觀點來設定目標與指標，以致於部分機關提出的量化指標過於瑣碎，難以評量相關政策成效。換言之，為強化中長程個案計畫的管考機制，從績效管理角度而言，應加強檢視各機關目標設定與指標之間的關連性。相似地，沈建中等（2015：89）主張，為強化個案計畫管理，當局應強化所謂「全生命週期管考」，亦即計畫規劃研擬階段，應加強各機關政策目標與執行績效間的關連，並需接受外部監督、公開檢驗；計畫執行階段，應加強深度管

考，有效掌握整體國家發展資源之投入及執行情形；計畫執行完畢後，應強化計畫評核作業嚴謹度，並開放民眾參與計畫評核；針對計畫屆期進行事後評估，以提升計畫執行的行政效能及營運效益。綜合上述，相關研究主要聚焦於政府當局應該如何提升個案計畫的審議品質，本章認為學理上政策評估的架構及其實務操作的內涵，可以作為審議項目的參考。

第二節　政策評估與個案計畫的審議

基本上，評估乃針對持續性或已完成的方案、計畫或政策，就其設計、執行與結果，試圖進行較有系統性與客觀性之評鑑。評估目的也許是為了決定目標的相關性、效率性、效能性及影響性，以便將所獲得的寶貴經驗回饋給決策過程（OECD, 1991）。從事評估首要面臨的問題是要評估什麼？怎麼評估？這有賴一個模型指引，以便將複雜現象具體化，並透過系統化方式呈現。一般而言，邏輯模型（logic model）指出政策干預的若干要素（UK HM Treasury, 2011: 41）：1.待處理的議題及政策發生的系絡；2.投入，即待投資的資源（金錢、時間、人力、技能）；3.待從事的活動以便達成政策目標；4.結果（即短期和中介結果）；5.預期影響（即長期結果）；6.有關此等要素如何連結在一起的假定，這促使政策從一項要素進展到下一要素。有了上述模型，政策分析人員便可用比較系統化方式，診斷、預判或反推政策干預是如何形成的及其可能造成的後果。

值得注意的是，政策評估非僅發生在「政策循環」末端的一種活動，政策評估應被視為一連續體，其涵蓋面向包含了事前的政策分析至事後的政策評估（請參見前章表1-1），也就是說，評估活動本質上乃深入政策循環的每一環節之中（Patton and Sawicki, 1993: 369）。

評估類型與政策過程密切相關。但如何使評估契合政策循環？政策循環尚可透過ROAMEF來表示，其分別代表立論基礎（rationale）、目標（objectives）、評價、監測（monitoring）、評估與回饋（feedback）。儘管評估證據可以貢獻在整個政策循環中，但某些環節的評估證據可以

運用（UK HM Treasury, 2011），茲引述如下（請參見圖6-1）：1.評價：
評價發生在政策立論基礎與目標業已形成之後。評價目的是在政策執行前
指認出最佳的輸送方式。它包含指認出滿足宣稱目標的一系列選項，並且
評估這些選項可能帶給整體社會的成本效益。2.監測：監測試圖檢核進度
是否符合計畫目標，故可界定爲正是陳報及證明花費和產出已輸送成功，
同時達到某種里程碑。3.評估：評估是在執行期間與之後對政策效能與效
率所作的評鑑。評估乃試圖測量結果和影響，以便評鑑預期效益有否被實
現。

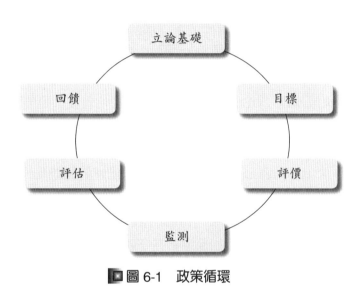

🔲圖 6-1   政策循環

資料來源：UK HM Treasury, 2011: 15

　　美國國家傷害預防及管制中心（National Centre for Injury Prevention
and Control, 2013）指出三種主要評估類型，其分別聚焦在政策過程的不
同階段。基本上，每一評估類型都有特定焦點，如此才能便於選擇適當的
設計與方法論。評估團隊可以發展出一套評估問題，針對特定政策發展
階段，選擇特定的評估問題與方法。茲將政策過程的三種評估類型分述
如下（請參見圖6-2）：1.政策內容評估（evaluating policy content）：內

容清楚闡述政策目標、政策執行，以及政策爲何將會產生意圖的改變？評估政策發展將會協助了解系絡、內容與執行。2.政策執行評估（evaluating policy implementation）：政策是否如計畫般執行？政策執行是了解其效能的關鍵要素，政策執行可以提供有關執行障礙與促進因素的重要資訊，以及不同執行要素與強度的比較。3.政策影響評估（evaluating policy impact）：政策是否產生意圖的結果與影響？若以傷害預防爲例，意圖影響也許降低傷害發生及其嚴重性。然而，評估短期與中介結果也同樣重要。

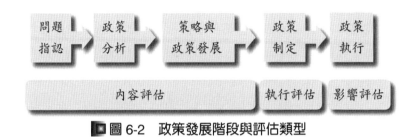

圖 6-2　政策發展階段與評估類型

資料來源：National Centre for Injury Prevention and Control, 2013

　　綜合上述，政策評估活動並非侷限於政策執行後的（績效）評估，也包含政策執行前與執行中的評估。爲統一相關詞彙，本研究依照前述「政策循環」的概念，將政策評估分爲三大類，茲將其內涵與操作策略說明如下：

一、事前評估

　　事前評估乃改善全新或更新政策的品質，並提供決策者判斷政策計畫書價值資訊的工具。因此，在政策規劃尚在形成階段，便著手從事事前評估是十分重要的（European Commission, 2001: 5）。由於政策尚未開始執行，因此事前評估工作本質上是預測性的，類似於一種研究上待驗證的「假設」。評估者往往根據先前經驗，對政策執行後的可能結果進行預判，故而這類評估之優點在於，評估結果可以直接用來指導政策的實

施，並將可能出現的負面效應降至最低程度。舉例來說，倘若政策分析人員欲得知「我國反毒政策執行過程中，中央、地方與民間組織的合作意識為何？有無修正之必要？」之相關資訊，此時政策分析人員便可從事預評估。事實上，歐洲委員會（European Commission, 2001: 27）執行事前評估便是基於兩種目的：一是做好政策的事前準備工作，另一則是為了符合歐盟的正式法律規範。為便於一般讀者快速檢視事前評估的內涵，該委員會提出了一套事前評估的檢核表如下：

　　一、問題分析與需求：評鑑待解決的問題為何？主要的問題成因為何？有哪些行動者涉入其中？具體的標的團體及其需求／利益為何？

　　二、目標設定：從預期結果的角度而言，一般、特定與操作性目標有否清楚界定？在衡量投入、產出、結果與影響上，分別規劃了哪些指標？其他的輸送機制與風險評鑑有無將其他工具納入考量？為何會選擇目前建議的工具？干預措施的執行會牽涉到哪些風險？有無採行一些預防措施？

　　三、社群參與的附加價值：目前所建議的干預措施是否能夠與其他干預措施形成互補且彼此具有連貫性（coherent）？這些干預措施能夠產生綜效嗎？

　　四、從經驗中學習：能否獲得類似行動的經驗、稽核或研究結果／經驗？這些結果與經驗如何能夠應用來改善政策設計？

　　五、規劃未來監測與評估：目前所建議的蒐集、儲存與處理後續資料的方法是否完善？從政策執行初始，監測系統已經全面運作？需要何種評估類型、何時這些評估應該開始執行？

　　六、協助達成成本效益：目前建議的選案是否有不同的成本意涵？倘若使用不同的工具，能否以較低成本達成同樣的結果，抑或相同成本卻可以達成更佳的結果？

二、事中評估

　　過程評估旨在了解一項政策是如何被執行和提供的過程，同時指認出促進或阻礙其效能的因素。申言之，過程評估是在政策執行過程中施行

的評估。儘管政策執行尚未結束，但政策效率與效能已多少浮現，這裡面也許涉及到政策方案中設計不良、政策資源配置不當，以及政策環境中某些條件的改變等問題與挑戰。相較於預評估而言，過程評估所獲取的資料都是即時的、具體的，評估結論也是眞實的、可靠的。評估結果亦能立即派上用場，以對刻正執行中的政策缺失進行調整。基本上，過程評估可以使用各種不同的質性與量化研究方法，諸如訪談、觀察／參與、調查、諮詢與審議法、量化資料統計分析、文件分析、人種誌等，透過參與政策執行或受其影響個人對於效能之評鑑，以探究政策本身究竟是如何被執行的（UK HM Treasury, 2011: 45, 92）。相反地，倘若評估只聚焦於結果，卻未將過程納入考量，則評估者將無法知曉政策干預的完整圖像，評估於是淪爲一種「黑箱」評估。

　　有關過程評估待答的問題類型，茲列舉如下（UK HM Treasury, 2011: 82）：政策是如何被提供的？政策是在什麼系絡下被提供的？參與者和政策執行者在提供政策時的感受爲何、爲何及如何有此感受？在提供政策時他們感受到的問題爲何及爲何有此感受？因此，哪些因素可能促進與阻礙了意圖達成的影響？阻礙因素如何克服，而促進因素又如何加以善用？是否政策特定層面可能會產生可觀察的結果？政策執行是否依照原先的計畫內容？不同地點的政策執行是否具有一致性，或地方差異性代表效能面臨折扣？政策是否符合投入和產出的目標？在提供或接受政策人士的經驗中，連結政策與結果的邏輯模型是否獲得支持？接受者與執行者能否了解干預措施？那些接受和提供干預措施的接受者及執行者的經驗爲何？什麼層面最被評價爲或最有可能產生困難？不同群體對此看法會有差別嗎？在政策推動期間，執行者和接受者之間的互動本質爲何？誰沒有參與或退出？爲何如此？風險管理策略在預期及緩和風險上是否奏效？在推動期間，政策是否合乎預算預期，抑或有非預期議題及隱藏成本？政策可以如何加以修正或改善？大體而言，這些問題大多屬於描述性的。

三、事後評估

影響評估是循證政策制定（evidence-based policy making）廣泛議程的一環。影響評估可以評鑑個人福祉的改變本身能否歸因於特定的計畫、方案與政策（World Bank, 2011: 3）。由於政策已執行完竣，同時政策效能、效率、結果也已產生，因此評估結論乃對政策干預措施加以總結。影響評估要求評估者對於整體政策過程有充分的認識，並對先前的預評估、過程評估也有一定程度的掌握，否則將有知偏而不知全的疑慮。基本上，影響評估的主要焦點有二（UK HM Treasury, 2011: 98）：其一，決定是否發生某些事物（結果）；其二，決定政策是否奏效（歸因）。前者遠比後者容易進行。換言之，影響評估試圖發現一項政策是否造成特定結果的發生。

一般而言，影響評估待答的重要問題，諸如（UK HM Treasury, 2011: 19）政策評估結果為何？是否產生任何可觀察的改變？這些改變有多少是自然發生的？又有多少是來自於政策所引發的？政策是否達成宣稱的目標？不同的個人、利害關係人、社會團體等之間造成的改變為何？與原先預期的落差有多大？是否有任何結果超出原先預期的範圍？倘若有的話，非預期的結果到底有多大？

至於World Bank（2011: 139-140）建議影響評估的執行步驟如下：

1. 評估準備事項：評估應該被設計來處理政策制定待答的問題。評估目的與問題應該與政策問題直接相關。當待評估的政策及待處理的政策問題清楚，接著就需要發展出政策結果鏈（results chain）這樣的變革理論，以利選擇適當的評估指標。

2. 評估操作化：評估者將會檢視政策執行計畫，並選擇適當的評估設計，特別是產生有效的比較組（comparison groups）之方法論，以便於從事政策因果影響的估測。在實際執行評估之前，評估者必須確認其草擬的評估設計是否合乎倫理，特別是有關政策效益安排的規則，以及被研究對象的權益保護。一旦這部分釐清，評估者將組成一支評估團隊、編列預

算，並尋找財源。

3. 樣本選擇：評估者如何針對調查受測者進行抽樣，以及需要多少名受測者。評估者要關注抽樣架構與抽樣程序，以便決定從既有樣本中所獲致的結果具有整個母體的外在效度。

4. 資料蒐集：這部分涉及資料蒐集的步驟。要謹記待答的政策問題、評估設計，評估者必須決定需要蒐集何種類型的資料，以及這些資料可以從何處獲取。一旦完成這項工作，就得決定是要從民間公司抑或政府機關聘請熟稔資料蒐集工作的人員。最後，所蒐集的資料必須在其被使用之前加以數位化或處理及檢驗是否有誤。

5. 評估報告出爐並公告周知：這部分指涉評估報告的內容與結論，以及如何將評估發現得以讓政策制定者與其他利害關係人能夠知悉。

進一步地，World Bank（2011: 224）提出一套檢核表，闡明良好的影響評估應包含以下要素：

1. 一項具體的政策問題，其建立在變革理論基礎之上，可以藉由影響評估來回答。

2. 有效的識別策略，其與政策的操作化規則一致，顯示出政策與感興趣結果之間的因果關係。

3. 擁有一套可靠的樣本（a well-powered sample）以便於偵測政策相關影響，以及擁有一套代表性的樣本，以便結果能夠推論至更大範圍、感興趣的母體上。

4. 擁有一套高品質的資料來源，包含實驗組與控制組的資料、基本與後續的資料，以便提供分析所需的適當變數。

5. 建立良好的評估團隊，並能與政策制定者及管理者產生工作上緊密的互動。

6. 政策評估報告與相關的政策簡報，能夠及時提供給關鍵使用者，以供政策設計與政策對話之用。

顯而易見地，三種主要評估類型乃分別聚焦在政策過程的不同階段，分別是：事前評估、事中評估、事後評估。本章約略闡述了評估的基

本概念、邏輯模型、調查程序，同時，也指出每一種評估研究類型的基本特徵與關鍵議題。整體來說，政策管理者可以參考不同階段的評估項目並轉化成自己機關所需的形式。

第三節　個案計畫的審議與精進方向

　　無論是事前、事中、事後類型的政策評估規劃，基本上都十分強調上位政策目標的釐清、利害關係人的參與、邏輯模型指標的操作，而後藉由評估需求與問題的帶動，並透過適當的研究與資料蒐集方法來回答問題，並將評估報告提供給相關使用者參考。本章重點在於闡述政策評估的架構，特別是三種評估類型的代表性評估提問，以供受評機關人員做好舉證的準備工作。儘管如此，由於客觀上可能並不存在「一體適用」的評估架構與規範，因此政府部門在實際使用上，可能得依照各部會組織或政策屬性而善加調整。舉例來說，各部會可以依照各自政策屬性，將前述評估程序與檢核表，整併並轉化為自身專屬的標準作業程序、檢核表，甚至發展更為細緻的工作表單（worksheets），作為提升評估效率的工具。

　　過往國發會有相當心力投注在管考業務（無論是事前的計畫審議、事中與事後的業務檢討），本章除了對於國發會日後本身或協助各部會發展政策評估實務，可以提供一些基本的評估架構（類似技術指導手冊）外，還有一些問題因涉及到既有中央機關作業模式，與學理上對於政策評估的基本要求，兩者之間似乎存在某種落差。舉例來說，有關「管考」與「評估」制度的銜接問題上，當前各部會所提出的計畫也好、政策也罷，很多時候乃為了配合既有的「計畫管制」、「預算編製」程序而採取的策略性作為（如部會新計畫不斷地依附在既有、已核定計畫的基礎上加以擴充），目的是著眼於先行取得行政院授權，待其核定後方便爭取預算，但這背後未必經過縝密思考、訂定一套符合學理標準（如政策干預邏輯模型）的政策或計畫，這表現出來的結果是政策目標模糊、目標與手段之間關係鬆散、手段與手段之間綜效不明，以及績效指標眾多但未必關鍵等典

型問題，從本研究角度來看，這很可能無從進行真正的評估，或者，評估結果也可能無法進行有意義的對話與學習。換言之，各部會的政策規劃、設計或預評估工作應該加以落實，否則勢必連帶影響日後的成效評估。至於對國發會而言，目前的管考工作有一部分是從事計畫審議工作；如果可能的話，也許可以針對某些個案計畫，優先導入學理上事前評估的概念、焦點與操作程序，使之盡可能比較貼近科學的程序與規範，這是學理與實務現況有機會迅速接軌之所在。舉例來說，某種角度而言，在個案計畫中各機關應明確回答特定計畫和策略目標之間的關連性，或可藉由各種政策論證模式加強說服力，再由國發會會同相關領域學者專家針對這些書面資料審議，並著重於因果連結的判斷。簡言之，舉證責任在於各部會，但審議機關應該把這套檢核事項建構更為完善、細緻，甚至提供良好的示範，以供各機關依循。在事前評估方面，又或者可以善用實體的公聽會、座談會平台或虛擬的社群媒體，讓公民有機會對各項政策草案抒發己見，審議機關則是透過「分析歸納」，來判斷這些意見是否真正值得參採。

其次，國發會與各部會的角色：一如前述，國發會的角色的確應該扮演各部會「技術指導」的角色，這意味著各部會應該依循國發會提供的評估架構，作為執行與撰寫評估報告的基礎，甚至應舉辦教育訓練的培力課程。舉例來說，行政院所屬各機關人員對於KPI的訂定未必十分嫻熟，常見的現象是機關經常訂定一些流水帳指標（如活動辦理場次），其乃徒具形式而欠缺實質意義。若依循前述政策干預邏輯模型的架構，國發會在這方面有無可能彙整不同類型績效評估指標的範例，以開拓各機關標竿學習的機會。簡言之，國發會或可提供技術指導手冊，輔導或協助各部會政策評估的推動工作。更重要的是，各部會應該將政策評估視為例行工作的一環，而國發會除了提供各機關共通性評估架構與落實機關政策自我評估的誘因外，另一角色也許可以聚焦在特定政策類型的評估，如挑選那些「財務」（如經費規模高於某種下限）或「社會」（如標的人口規模高於某種下限）影響力大，且執行已達一段時間的政策進行結果評估。由於評估是需要大量耗費行政資源的，上述建議也許比較符合機關投入評估工作的成本效益。

　　復次，評估的目的：儘管本章整理出學理上三種政策評估類型，但從公共課責的角度來說，初期機關也許應將心力優先放在「結果評估」上，這樣才有機會了解一項政策有否成效，抑或一項政策缺乏成效或成效不彰（這是當前政府政策最常遭受訾病之處）的背後原因（如目標出問題？執行手段出問題？或理論本身出問題？）為何，並將這樣的評估發現作為下一階段政策學習與改善之用。與此相關者，無論是國發會或各部會為何要致力於評估工作？是單純履行一套行政程序（儀式性目的）？是要進行問題診斷、政策學習（發展性目的）之用？抑或更嚴肅的，是要作為政策終止或擴充的決策參考（行政性目的）？無論如何，因為這是一整套的概念，國發會或許可以在這部分預先思考，而後搭配對應的評估類型、焦點與程序。舉例來說，暫且撇開政治性計畫（如競選政見）不談，多數政策或計畫理應訂定退場機制，過程中應導入專家、學者的輔導機制。

　　再者，評估的發動程序：前已述及，政策評估必須貼近利害關係人觀點，除了政策標的團體外，政策管理／執行機關也是重要對象（National Centre for Injury Prevention and Control, 2013），這意味著國發會啓動特定的政策評估前，程序上應告知中央各部會、地方各局處，以至於私部門廠商及其應善盡的角色、責任與義務，如釐清政策目標、指認重要利害關係人、協助必要資料（特別是基礎與後續資料）的提供。倘若兩造之間未能建立合作夥伴關係，勢必影響後續評估結果的效度。另一相關問題是：誰來從事評估工作？評估結果的客觀性為何？會不會遭受到受評機關的挑戰？基本上，這是一項重要的評估課題與抉擇的問題（European Commission, 2001: 5）。有些部會對於重大政策評估工作相當仰賴外部學者專家的研究報告，有些看法認為，局外人立場所撰寫的分析報告，未必如政府內部人員的觀點來得到位。持平而論，由於政策評估至少涉及到方法論知識與領域知識（domain knowledge），兩方面缺一不可，國發會可以從既有機關人才庫的角度，評估何時適合自行評估（in-house evaluation），何時應該委外評估。儘管如此，由於評估業務明顯屬於國發會的核心職能，長期而言，機關成員的「能力建立」（capacity building）絕對是值得投資與努力的方向，短期、比較折衷的作法，或許

可以考慮和各大學院校合作、相互交流程序、方法與實質性知識，從中培養相關知能。

　　最後，評估績效的判準：國際組織經常採用四大評估判準，包括相關性、效能性、效率性，以及影響性等，但初期政策評估是否應該或真正有能力兼顧這四大判準？如影響性是否真的有辦法操作？效率性是否應該優先追求？舉例來說，政策實務上日益強調策略規劃與政策統合，故而在審議這些個案計畫之際，訂定原則牽涉到究竟有無策略性目標，以及計畫與策略目標的垂直連結性，甚至是水平計畫（如情報與查緝工作）之間的連結與綜效發揮，這進一步涉及到跨機關協力指標（如警、消的預防性業務須與其他機關的業務一同看待）的訂定。但我們也知道，當前國家長期發展政策及策略方案不明，缺乏這個前提下，各項計畫將難有依歸，也不容易找出清楚定位，遑論發展出真正有實踐性的短、中、長期計畫。因此，相關性作為一項評估判準就變得十分重要。再從國情上而言，社會大眾比較在乎的往往是政府問題解決的能力，因此，效能性肯定是評估工作的優先判準。至於特定政策花了多少錢、是否合乎成本效益與成本效能，社會大眾在乎的程度可能是其次。由於公務人員往往沒有多餘的時間與精力，執行有品質的評估，倘若這個說法可以被接受的話，從比較務實的觀點，相關性、效能性作為事前、事中、事後評估判準，似乎應該列為優先關注的議題。

第四節　結語

　　無論是學術或實務上，重視政府績效管理的風潮未曾間斷，而行政院為有效推動政府施政，訂頒「行政院所屬各機關中長程個案計畫編審要點」，強調各機關應依據國家整體及前瞻發展需要，研擬中長程個案計畫，並明定其研擬及審議程序、原則。為強化個案計畫管理，當前國家發展委員會也規劃自政策規劃、計畫研擬、執行、效益評估，強化所謂的「全生命週期管考」，以建立計畫事前、事中、屆期及事後的績效管理機

制，這與學理上「政策循環」的概念是一致的。

　　本章主要是引介先進國家與國際組織執行事前、事中與事後評估的作法，特別是有關模型、提問與程序。然而，這些國際經驗如何「轉化」為個案計畫審議的作業模式，涉及到構面與指標的挑選與精心建構，而這勢必要經過學術與實務專家的共同審議。再者，國發會審議實務上頗為重視「程序合宜」（如人力運用、環評、性評等適法性問題）的問題，但相較於國外著重「政策設計」的操作模式，這部分是否有可能精簡，或待特定議題觀念普及後，索性下放至各部會自行負責，以便將有限心力投注在困難度較高的科學分析工作（如預測、監測、稽核與成效評估等）上，也是一項關鍵問題，而這也有賴更多部會利害關係人參與和調適，以便建立真正的共識。

　　（本章原刊載於「國土及公共治理季刊」2019年9月第4卷第3期，頁58-68。）

CHAPTER

7

結　論

　　依據前述，詮釋論的評估典範強調社會實體的互動與建構觀，著重個例經驗的體悟與分享，尊重每一價值存在的合理性。明顯地，此與主流由上而下的評估模式，存有相當扞格。我們的立場，則隱含解構與重構評估的定義之企圖，亦即設法使被評估者，跳脫向來對評估一詞所存有的戒懼與陰影，而不再將其侷限於一種獎懲的前置作業。準此，評估理應扮演功能更強的對話機制之角色。

　　然而，實證論典範下的評估觀點與偏好使用的方法，委實帶給評估實務不少的程序便利與實質貢獻。更務實的說法應該為，無論是實證論或詮釋論典範的方法論，似乎皆為一種理型，現實世界中鮮有這樣的條件基礎，能夠提供評估者施展如此純粹的方法論。有感於此，我們認為評估的技術層次，宜開放予量化評估方法揮灑創作的空間，而本文主張的「實踐主義的評估策略」，即本諸此一理念所作的建構。總結前述，本章擬分別就政策評估的方法論與方法兩大部分作一總結。

第一節　超越實證論的評估典範

　　論者指出，任何一門學科經過一段期間的發展，無不在研究方法論上力求自我反省，期使本身研究更為精進，尤其新興的學科更是如此（林鍾沂，1987：IV）。觀諸1960年以來，政策評估理論業已歷經一段相當時間的發展歷程。這段長達四十年的發展歷史，學者間對於評估社會方案淨效果之適當方法論所進行的探討，傳統的隨機化、控制的實驗典範（paradigm of the randomized controlled experiment），可謂依舊魅力不減。

　　這股植基在實證論傳統的思潮，普遍認為社會實體是客觀存在的，且強調以自然科學的研究方法來研究社會現象，期以此發展一套律則性的知識體系和超越時空限制的通則。

　　反映於實作上，傳統的「實驗典範」或「目標導向典範」（goal-directed paradigm）最關切的還是在於如何排除有關的干擾因素，以窺究

政策影響與其處置之間的關連性,是以格外重視「內在效度」與因果主張(causal claims),著重方法的嚴謹性,偏好使用實驗或操縱的方法論來驗證假設,且多以量化方法為主。

　　儘管斯時學術界瀰漫著實證主義的思潮,然若干學術社群,為檢視該學科可能存在的典範盲點,試圖從方法論的角度加以反省並力求突破,期使政策評估這門新興的學科,能夠朝更為健全的方向來發展(Fischer, 1980 and 1995; Paris and Reynolds, 1983)。

　　因此,1970年代中末期以後,政策評估理論遂出現轉折的跡象,傳統的實證論典範逐漸遭受若干學者的嚴厲批判。Stone(1988: vii-viii)即對公共政策與政策分析的領域,向來過分強調市場模型與經濟思考邏輯,而深表憂心與不滿,故其改從政治理性(political reason)與政治社群(political community)模型的角度,闡述政策論證對於政策民主化的潛在價值與貢獻,並呼籲政策分析應適時加入批判的(critical)、後現代的(postmodernist)、女性主義的(feminist)等理念之訴求,以突破當前政策分析與評估所面臨的瓶頸。

　　Rittel與Webber並從公共問題的「質變」,闡明提升實務者問題建構能力的迫切性。渠等指出,當今政府面臨的問題性質已和往昔迥異。以往政府解決的問題,主要是技術性居多的「溫馴問題」(tame problems),當今政府則面臨以共識為解決機制的「棘手問題」(wicked problems)(Harmon and Mayer, 1986: 9-11)。顯然地,實證論的「技術認知旨趣」,並無力因應此等價值爭議問題的挑戰。

　　更精闢的見解,則由組織行為層面來分析方法論與組織決策之間的關連性,並認為植基邏輯實證論傳統的主流的目標導向典範,顯與社會科學的研究傳統較趨一致,卻與實然面的組織決策過程——組織化的無政府狀態(organized anarchies)或鬆散的組合體系(loosely-coupled systems)有段落差。由於科層體制的理性決策經常備受組織政治的干擾,落實目標導向評估之前提似難建立,致使傳統方法論下的評估成果,對於政策過程的貢獻而言,可謂微乎其微(Palumbo and Nachmias, 1983: 72-77)。

　　其實,我們以為社會科學的研究方法缺乏自主性,毋寧是最大致命

傷。蓋社會世界本質上即與自然世界有別，研究方式自不宜盲目取徑。

　　申言之，社會科學的研究對象是人，人類是一種感情豐富的動物，有其獨立的思考、判斷與價值信仰，彼此因緊密互動而交織成富有意義的網絡關係，進而構成變化多端的人文世界；自然科學則不同，本質上乃爲一種物化的世界，客觀性顯較濃厚，不若人文世界的複雜與多元。因之，研究者勢必培養出感同身受的洞察力，傾聽被研究主體的心聲，才能有突破性的研究發現可言。準此，就某種「規範」的立場而言，社會科學的研究方法論似應趨近其研究對象──人文世界的本質，而不宜將自然世界的研究品質標準，強加於人文世界的研究之上。

　　相對地，詮釋論者的旨趣，則在探索系絡下的意義（contextualized meaning），故其邏輯排拒科學實際論（scientific realism）的優位性，也不認可其所謂的與眞實相符的理論（correspondence theory of truth）。社會實體應被視爲是一有意義的社會建構，而且是人與人之間有意圖、有意義的行爲的詮釋和再詮釋的一種持續歷程，眞實終究是建立於社會和歷史的條件式同意（conditioned agreement）的基礎上。實體既非位處客觀外在的世界，亦非全然埋藏於探究者的主觀心智中，而應該是主觀心智與客觀世界兩者之間的動態轉換過程。

　　是以，評估者與被評估者之間不僅無法加以區隔，評估者事實上和其他被評估者一樣，均爲社會網絡或詮釋圈的一環，故渠等觀點應該等量齊觀。詮釋探究既係以了解意義爲宗旨，故無意如實證論者一般，以方法遂行其操縱與控制之意圖，反而著重評估的開放與對話之特質。

　　從這個角度反省，我們似宜深切體認，人文現象終非是可以物化（reification），被評估的對象實爲主體，其蘊涵豐富而深刻的觀點，深植評估者加以觀察和傾聽，故評估者宜致力於探究文化脈絡（context）下的底蘊，而非一味去驗證某種一廂情願的標準。換句話說，評估者從事評估絕非是要去發現什麼，而是深入現場，透過眞誠的對話，相互學習，交流互動彼此的觀點。

第二節　多元典範的政策評估方法

　　本章指出，選擇評估方法事實上牽動到我們對實體的基本哲學假定，以及什麼樣的問題值得加以探究，又如何以最佳方式進行探究等更細膩的議題。職是，評估方法在實作過程中絕不單僅只於工具性意涵，同時更兼具規範性的影響。

　　不過，也有論者棄守上述的哲學立場（a philosophical stance），端視評估使用者的資訊需求，俾作為選擇評估方法的參考。Patton（1997: 280）便直指，評估宜兼含實證與詮釋兩種方法論之邏輯，故Patton（1990）標榜實際的實用（practical pragmatic）立場，倡導選擇典範（a paradigm of choices），因而主張方法論的品質宜取決其適切性（methodological appropriateness），研究設計則應配合實際情境的需求。

　　質言之，有關評估方法的選擇、設計與執行，實無須強求一套方法與特定哲學典範之間的一致性。然有關此種在方法論層次統合探究途徑的構想，Guba與Lincoln（1981）則不予苟同，蓋我們殊無可能既保留傳統科學的客觀主義的超然性，又堅守詮釋論的主觀主義涉入立場。

　　若干學者專家如Williams、Smith、Cook與Shadish等，分別從傳統純粹的質性或量化陣營中脫穎而出，逐漸地朝中間地帶靠攏，而不堅持極端立場。陳惠次（研考會，1994：28-34）遂將渠等的見解歸類為「折衷／實用派」與「批判多元學派」（critical multiplism）。

　　大抵上，「折衷／實用派」的論點認為，一個評估者不應盲目地使用質性方法，或是量的方法，而是要因地制宜，於不同的情況下，採用不同的方法，「批判多元學派」則深信，整合多重方法與多重觀點得出的評估結果，將比單一方法更加令人信服，惟兩者均面臨概念架構薄弱的缺憾。

　　務實而論，純粹的質性評估方法，鮮能在現實世界中落實；而根據本研究先前的討論，量化方法論雖可能有遭致扭曲社會實體的批判，惟當今該法卻依舊為評估社群公認的主流，實質上亦有其不可磨滅的參考價值。參酌Patton等人的實用主義立場，啓發了我們「方法是可以活用的」之概

念，評估者無須作繭自縛，死守方法論與研究方法之間的固定連結關係。惟值得辨正者，即使渠等的整合架構至今未臻成熟，但方法論與研究方法之間的邏輯關係，實不能因實用主張，而就此忽略其間的邏輯關係，甚或將兩套不同的邏輯系統，恣意地套用和拼湊，致生「本體分裂」之困境。

　　就此而言，我們應在一種本體堅定的立場上，選擇性地接受Patton的善用方法之觀點。爰此，本研究提出的「實踐主義的評估策略」，基本上仍不脫離詮釋論典範的基本架構，著重社會互動觀點的實體建構立場。惟也修正若干純粹質性評估者，過分抹煞量化方法價值之嚴厲指控，轉而設法將量化方法定位在「技術層次」（technical level）的應用，以體現量化方法對於政策技術理性面所作的貢獻。

　　事實上，舉凡政策問題的認定、政策手段的取捨與政策結果的評估等環節，在在皆充滿著「價值叢結」的特殊屬性，方法論的反思更警示我們，這種具有規範屬性的問題，絕不能一廂情願地轉換為技術問題視之（林鐘沂編譯，1991：81），而釐清「價值叢結」又非透過參與、溝通、對話、相互學習與政策論證（Dunn, 1994: Ch. 4）等機制不以為功。

　　據此，有些價值爭議性高或牽動層面廣的政策，量化方法終究有其捉襟見肘之一面，蓋量化數據本身並無法自動轉換成有意義的文字說明，更無法觸及問題的實質或社會理性層次。此等缺失，尚待另闢詮釋、論辯及批判蹊徑加以補足，或輔以更高的位階來導正量化資料的實質意涵。

　　就此而論，「詮釋」乃主導一切（量與質的）研究結論的關鍵，詮釋不當即有誤解統計數據、誤導研究發現之虞。研究者唯具有豐沛之現場經驗，方有客觀詮釋研究結果之期待可能。因之，我們以為，質性評估應提升至評估的「概念層次」（conceptual level）——洞察脈絡相關性、批判虛假意識之用。是以，即便採行量化評估方法，質性評估所強調的「互動」機制，亦應體現於其中。例如統計數據資料及其推論結果，評估者即不妨公諸利益相關人，予其公評和檢視之管道，評估者且接受此等回應訊息，無形中即開拓評估者與被評估者之間的對話空間，真理就此開始醞釀萌生。

　　準此，我們遂以為，在當今著重民主溝通的年代下，評估者與被評估

者雙方，似唯有在武器對等、資訊對稱、觀點等價與雙向回饋之前提下進行評估，方不致遭受「偽評估」之譏，評估結果也才能發揮淋漓盡致之效用。

參考文獻

一、中文部分

1. 丘昌泰，1995，公共政策：當代政策科學理論之研究，臺北：巨流。

2. 王文科，1986，教育研究法，臺北：五南。

3. 王文科編譯，1990，質的教育研究法，臺北：師大書苑。

4. 古步鋼、吳美雲，2012，「中長程個案計畫效益評估推動之回顧」，研考雙月刊，第36卷，第6期，頁50-59。

5. 朱景鵬、賴韻琳，2012，「政府施政計畫制度變革方向與作法」，研考雙月刊，第35卷，第2期，頁43-56。

6. 伍啓元，1988，公共政策，臺北：臺灣商務。

7. 江明修、劉梅君譯，J. Forester原著，1995，面對權力的規劃，臺北：五南。

8. 江明修，1997，公共行政學：理論與社會實踐，臺北：五南。

9. 江明修，1997，公共行政學：研究方法論，臺北：政大書城。

10.江俊良，1988，「多準則評估方法在關渡平原開發型態評選之應用」，交通大學交通運輸研究所碩士論文。

11.朱志宏，1991，公共政策，臺北：三民。

12.李美華等譯，E. Babbie原著，1998，社會科學研究方法，臺北：時英。

13.李沛良，1988，社會研究的統計分析，臺北：巨流。

14. 沈建中、吳美雲、張益銘、傅傳鈞、張棕凱，2015，「國家發展計畫管考機制」，公共治理季刊，第3卷，第3期，頁88-95。

15. 沈清松譯，K. E. Newcomer講，1993，「質的方法對量的方法：論辯或交談？」，政大研究通訊，創刊號，頁19-32。

16. 林佳慧，2016，「從我國中央政府施政計畫體系變革看政策規劃管理新思維」，台灣經濟研究月刊，第39卷，第5期，頁34-42。

17. 吳定，1994，公共政策，臺北：華視。

18. 吳瓊恩，1995，行政學的範圍與方法，臺北：五南。

19. 吳瓊恩、張世杰，1994，「質與量的評估途徑之比較，兼論其對政策分析的意涵」，國立政治大學學報，第68期，頁121-142。

20. 吳正中，1997，「政策規劃方法論之研究：典範轉移的觀點」，國立政治大學公共行政學公共行政研究所碩士論文。

21. 吳芝儀，1997，「以建構研究法探討個人建構系統與生涯決定的相關論題」，輔導季刊，第33卷，第3期，頁42-51。

22. 吳芝儀、李奉儒譯，M. Q. Patton原著，1995，質的評鑑與研究，臺北：桂冠。

23. 吳濟華、屠世亮譯，L. Ortolano原著，1992，環境規劃與決策，臺北：金名。

24. 林鍾沂，1986，「邁向後行為主義的政策評估理論之分析」，思與言，第24卷，第1期，頁19-40。

25. 林鍾沂，1987，「公共政策評估理論之研究——理論的重建」，國立政治大學政治研究所博士論文。

26. 林鍾沂，1994，政策分析的理論與實踐，臺北：瑞興。

27. 林鍾沂編譯，1991，公共政策與批判理論，臺北：遠流。

28. 林水波、張世賢，1991，公共政策，臺北：五南。

29. 林清山，1991，「實驗研究法」，刊載於黃光雄與簡茂發主編，教育

研究法，臺北：師大書苑，頁309-340。

30.林新發，1991，「調查研究法」，刊載於黃光雄與簡茂發主編，教育研究法，臺北：師大書苑，頁255-289。

31.孟汶靜譯，R. N. Bellah等原著，1994，新世界啟示錄，臺北：正中。

32.柯三吉，1993，公共政策與政治經濟論叢，臺北：時英。

33.胡幼慧主編，1996，質性研究：理論、方法及本土女性研究實例，臺北：巨流。

34.胡幼慧，1996，「焦點團體法」，刊載於胡幼慧主編，質性研究：理論、方法及本土女性研究實例，臺北：巨流，頁223-237。

35.胡志平，1988，「臺北市生活環境品質評估模式建立之研究」，國立中興大學都市計畫研究所碩士論文。

36.徐立忠，1989，老人問題與對策，臺北：桂冠。

37.陳孟君譯，S. Lieberson原著，1996，量化的反思：重探社會研究的邏輯，臺北：巨流。

38.陳伯璋，1990，教育研究方法的新取向，臺北：南宏。

39.彭錦鵬，2013，「我國中長程個案計畫評估審議機制之探討」，公共治理季刊，第1卷，第2期，頁28-44。

40.黃光雄編譯，1989，教育評鑑的模式，臺北：師大書苑。

41.黃瑞祺，1986，批判理論與現代社會學，臺北：巨流。

42.黃瑞琴，1991，質的教育研究方法，臺北：心理。

43.詹火生，1988，社會福利工作方案：評估方法概論，臺北：中華民國社區發展研究訓練中心。

44.詹志宏，1986，「政策評估的困境與理論之探討」，刊載於行政院研究發展考核委員會編印，考核評估專論選輯，頁40-47。

45.趙碧華、朱美珍編譯，A. Rubin、E. Babbie原著，1995，研究方法，臺北：雙葉。

46.蕭全政，1998，「學術研究本土化不是要關起門來做皇帝」，中國時報，8月31日15版。

47.潘友昌，1967，教育測量，臺北：正中。

48.歐用生，1992，質的研究，臺北：師大書苑。

49.劉仲冬，1996，「民族誌研究法及實例」，刊載於胡幼慧主編，質性研究：理論、方法及本土女性研究實例，臺北：巨流，頁173-193。

50.盧嵐蘭譯，A. Schutz原著，1991，社會世界的現象學，臺北：桂冠。

51.鄧振援、曾國雄，1989a，「層級分析法（AHP）的內涵特性與應用（上）」，中國統計學報，第27卷，第6期。

52.鄧振援、曾國雄，1989b，「層級分析法（AHP）的內涵特性與應用（下）」，中國統計學報，第27卷，第7期。

53.簡春安、鄒平儀，1998，社會工作研究法，臺北：巨流。

54.鍾倫納，1993，應用社會科學研究法，臺北：臺灣商務。

55.鍾起岱，1986，「泛論計畫方案評估方法」，刊載於行政院研究發展考核委員會編印，考核評估專論選輯，頁167-178。

二、英文部分

1. Amy, D. J., 1984, "Toward a Post-Positivist Policy Analysis", Policy Studies Journal, Vol. 13, pp. 207-211.

2. Anderson, J. E., 1994, Public Policymaking, Boston: Houghton Mifflin Company.

3. Babbie, E., 1995, The Practice of Social Research, C.A.: Wadsworth Publishing Company.

4. Borrás, S. and Højlund, S., 2015, "Evaluation and Policy Learning: The Learners' Perspective", European Journal of Political Research, Vol. 54, No. 1, pp. 99-120.

5. Brousselle, A. and Buregeya, J. M., 2018, "Theory-Based Evaluations: Framing the Existence of a New Theory in Evaluation and the Rise of the 5th Generation", Evaluation, Vol. 24, No. 2, pp. 153-168.

6. Campbell, D. T., 1988, "Reforms as Experiments", in E. S. Overman(ed.) Methodology and Epistemology for Social Science, The University of Chicago Press, pp. 261-289.

7. Campbell, D. T., 1988, "The Experimenting Society", in E. S. Overman(ed.) Methodology and Epistemology for Social Science, The University of Chicago Press, pp. 290-314.

8. Campbell, D. T., 1988, "Qualitative Knowing in Action Research", in E. S. Overman(ed.), Methodology and Epistemology for Social Science, The University of Chicago Press.

9. Campbell, D. T. and Stanley, J. C., 1963, Experimental and Quasi-Experimental Designs for Research, Boston: Houghton Mifflin Company.

10. Chen, H. T., 1990, Theory-Driven Evaluations, C.A.: Sage.

11. Chen, H. T., 1996, "A Comprehensive Typology for Program Evaluation", Evaluation practice, Vol. 17, No. 2, pp. 121-130.

12. Chen, H. T. and Rossi, P. H., 1980, "The Multi-Goal, Theory-Driven Approach to Evaluation: A Model Linking Basic and Applied Social Science", Social Forces, Vol. 59, No. 1, pp. 106-122.

13. Chen, H. T. and Rossi, P. H., 1983, "Evaluating with Sense: The Theory-Driven Approach", Evaluation Review, Vol. 7, No. 3, pp. 283-302.

14. Chelimsky, E., 1987, "Linking Program Evaluation to User Needs", in D. J. Palumbo(ed.), The Politics of Program Evaluation, C.A.: Sage.

15. Daneke, G. A., 1990, "Policy Evaluation in an Evolving World: Toward an Advanced Systems Perspective", in S. S. Nagel(ed.) Policy Theory and Policy Evaluation, N.Y.: Greenwood Press, pp. 43-59.

16.deLeon, P., 1992, "The Democratization of the Policy Sciences", Public Administration Review, Vol. 52, No. 2, pp. 125-129.

17.deLeon, P., 1994, "Democracy and Policy Sciences: Aspirations and Operations", Policy Studies Journal, Vol. 22, No. 2, pp. 200-212.

18.Doty, P., 1983, "Values in Policy Research", in W. N. Dunn(ed.), Values, Ethics and the Practice of Policy Analysis, Massachusetts: Lexington Books, pp. 33-45.

19.Dryzek, J., 1982, "Policy Analysis as a Hermeneutic Activity", Policy Sciences, Vol. 14, pp. 309-329.

20.Dunn, W. N., 1983, "Introduction", in W. N. Dunn(ed.), Values, Ethics and the Practice of Policy Analysis, Massachusetts: Lexington Books, pp. 1-5.

21.Dunn, W. N., 1994, Public Policy Analysis: An Introduction, N.J.: Prentice-Hall.

22.Dunn, W. N.(ed.), 1983, Values, Ethics and the Practice of Policy Analysis, Massachusetts: Lexington Books.

23.Dunn, W. N. and Kelly, R. M., 1992, "Introduction: Advances in Policy Studies", in W. N. Dunn and R. M. Kelly(eds.), Advanced in Policy Studies Since 1950, N.J.: Translation Publishers, pp. 1-17.

24.Dunn, W. N. and Kelly, R. M.(eds.), 1992, Advanced in Policy Studies Since 1950, N.J.: Translation Publishers.

25.Dye, T. R., 1987, Understanding Public Policy, N.J.: Prentice-Hall.

26.European Commission, 2001, Ex Ante Evaluation: A Practical Guide for Preparing Proposals for Expenditure Programmes. Bruxelles. European Commission. Retrieved Dce 1, 2015, from http://ec.europa.eu/smart-regulation/evaluation/docs/ex_ante_guide_2001_en.pdf.

27.Eisner, E. W., 1985, The Art of Educational Evaluation: A Personal View, Philadelphia: The Falmer Press.

28. Fischer, F., 1980, Politics, Values, and Public Policy: The Problem of Methodology, Colorado: Westview Press, Inc.

29. Fischer, F., 1985, "Critical Evaluation of Public Policy: A Methodological Case Study", in J. Forester(ed.), Critical Theory and Public Life, The MIT Press, pp. 231-257.

30. Fischer, F., 1986, "Practical Discourse in Policy Argumentation", in W. N. Dunn(ed.), Policy Analysis: Perspectives, Concepts, and Methods, Connecticut: Jai Press Inc, pp. 315-332.

31. Fischer, F., 1995, Evaluating Pubic Policy, Chicago: Nelson-Hall Publishers.

32. Forester, J., 1983, "What Analysts Do", in W. N. Dunn(ed.), Values, Ethics and the Practice of Policy Analysis, Massachusetts: Lexington Books, pp.47-62.

33. Green, J. C., 1994, "Qualitative Program Evaluation", in N. K. Denzin and Y. S. Lincoln(eds.), Handbook of Qualitative Research, C.A.: Sage, pp. 530-544.

34. Guba, E. G. and Lincoln, Y. S., 1981, Effective Evaluation, C.A.: Jossey-Bass Publishers.

35. Guba, E. G. and Lincoln, Y. S., 1989, Fourth Generation Evaluation, C.A.: Sage.

36. Guba, E. G. and Lincoln, Y. S., 1994, "Competing Paradigms in Qualitative Research", in N. K. Denzin and Y. S. Lincoln(eds.), Handbook of Qualitative Research, C.A.: Sage, pp. 105-117.

37. Harmon, M. M. and Mayer, R. T., 1986, Organization Theory for Public Administration, Boston: Little, Brown.

38. Haveman, R. H., 1987, "Policy Analysis and Evaluation Research after Twenty Years", Policy Studies Journal, Vol. 16, No. 2, pp. 191-218.

39. Healy, P., 1986, "Interpretive Policy Inquiry: A Response to the Limitation of

the Received View", Policy Sciences, Vol. 19, pp. 381-396.

40.House, E. R., 1980, Evaluating with Validity, C.A.: Sage.

41.House, E. R., 1993, Professional Evaluation, C.A.: Sage.

42.House, E. R.(ed.), 1973, School Evaluation, C.A.: McCutchan Publishing Corporation.

43.Jansson, B. S., 1994, Social Policy: From Theory to Policy Practices, C.A.: Wadsworth.

44.Jones, C. O., 1984, An Introduction to the Study of Public Policy, C.A.: Brooks/Cole Publishing Company.

45.Kelly, R. M., 1992, "Policy Inquiry and a Policy Science of Democracy", in W. N. Dunn and R. M. Kelly(eds.), Advanced in Policy Studies Since 1950, N.J.: Translation Publishers, pp. 331-350.

46.Kelly, M. and Maynard-Moody, S., 1993, "Policy Analysis in the Post-Positivist Era: Engaging Stakeholders in Evaluating the Economic Development Districts Program", Public Administration Review, Vol. 53, No. 2, pp. 135-142.

47.Krueger, R. A., 1994, Focus Groups, C.A.: Sage.

48.Lincoln, Y. S. and Denzin, N. K., 1994, "The Fifth Moment", in N. K. Denzin and Y. S. Lincoln(eds.), Handbook of Qualitative Research, C.A.: Sage, pp. 575-586.

49.Madaus, G. F., Scriven, M. S. and Stufflebeam, D. L.(eds), 1983, Evaluation Models: Viewpoints on Educational and Human Service Evaluation, Boston: Kluwer-Nijhoff Publishing.

50.Madaus, G. F., Stufflebeam, D. and Scriven, M. S., 1983, "Program Evaluation: A Historical Overview", in G. F. Madaus, et al.(eds.), Evaluation Models: Viewpoints on Educational and Human Service Evaluation, Boston: Kluwer-Nijhoff Publishing, pp. 3-22.

51.Maanen Van, J.(ed.), 1983, Qualitative Methodology, Newbury Park: Sage.

52.Mark, M. M. and Shotland, R. L., 1985, "Stakeholder-Based Evaluation and Value Judgments", Evaluation Review, Vol. 9, No. 5, pp. 605-626.

53.Mercier, C., 1997, "Participation in Stakeholder-Based Evaluation: A Case Study", Evaluation and Program Planning, Vol. 20, No. 4, pp. 467-475.

54.Morgan, G., 1983, Beyond Method: Strategies for Social Research, C.A.: Sage.

55.Nagel, S. S., 1983, "Ethical Dilemmas in Policy Evaluation", in W. N. Dunn(ed.), Values, Ethics and the Practice of Policy Analysis, Massachusetts: Lexington Books, pp. 65-86.

56.Nagel, S. S., 1987, "Evaluating Public Policy Evaluation", Policy Studies Journal, Vol. 16, No. 2, pp. 219-232.

57.Nagel, S. S.(ed.), 1990, Policy Theory and Policy Evaluation, N.Y.: Greenwood Press.

58.National Centre for Injury Prevention and Control, 2013, Step by Step: Evaluating Violence and Injury Prevention Policies. Brief 1: Overview of Policy Evaluation. The Centers for Disease Control and Protection(CDC), Atlanta. Retrieved Dce 1, 2015, from http://www.cdc.gov/injury/pdfs/policy/Brief%201-a.pdf.

59.Nelson, R. H., 1991, "Economists as Policy Analysts: Historical Overview", in D. L. Weimer(ed.), Policy Analysis and Economics, Boston: Kluwer Academic Publishers, pp. 1-21.

60.Overman, E. S., 1988, "Introduction: Social Science and Donald T. Campbell", in E. S. Overman(ed.), Methodology and Epistemology for Social Science, The University of Chicago Press, pp. vii-xix.

61.Overman, E. S.(ed.), 1988, Methodology and Epistemology for Social Science, The University of Chicago Press.

62.Palumbo, D. J., 1983, "The Preconditions for Successful Evaluation: Is There an Ideal Paradigm?", Policy Sciences, Vol. 16, pp. 67-79.

63.Palumbo, D. J., 1987, "Politics and Evaluation", in D. J. Palumbo(ed.), The Politics of Program Evaluation, C.A.: Sage.

64.Palumbo, D. J.(ed.), 1987, The Politics of Program Evaluation, C.A.: Sage.

65.Patton, M. Q., 1982, Practical Evaluation, New Delhi: Sage.

66.Patton, M. Q., 1987, "Evaluation's Political Inherency: Practical Implications for Design and Use", in D. J. Palumbo(ed.), The Politics of Program Evaluation, C.A.: Sage, pp. 100-145.

67.Patton, M. Q., 1987, How to Use Qualitative Methods in Evaluation, C.A.: Sage.

68.Patton, M. Q., 1990, Qualitative Evaluation and Research Methods, C.A.: Sage.

69.Patton, M. Q., 1996, "A World Larger than Formative and Summative", Evaluation Practice, Vol. 17, No. 2, pp. 131-144.

70.Patton, M. Q., 1986, Utilization-Focused Evaluation, 2nd, C.A.: Sage.

71.Patton, M. Q., 1997, Utilization-Focused Evaluation, 3rd, C.A.: Sage.

72.Patton, C. V. and Sawicki, D. S., 1993, Basic Methods of Policy Analysis and Planning, N.J.: Prentice-Hall.

73.Paris, D. C. and Reynolds, J. F., 1983, The Logic of Policy Inquiry, N.Y.: Longman.

74.Popham, W. J., 1990, Modern Educational Measurement: A Practitioner's Perspective, Boston: Allyn & Bacon.

75.Posavac, E J. and Carey, R. G., 1980, Program Evaluation: Methods and Case Studies, N.J.: Prentice-Hall.

76.Posavac, E J. and Carey, R. G., 1992, Program Evaluation: Methods and

Case Studies, 4th, N.J.: Prentice-Hall.

77. Putt, A. D. and Springer, J. F., 1989, Policy Research: Concepts, Methods, and Applications, N.J.: Prentice-Hall.

78. Quade, E. S., 1989, Analysis for Public Decisions, N.Y.: North-Holland.

79. Rossi, P. H., 1972, "Testing for Success and Failure in Social Action", in P. H. Rossi and W. Williams(eds.), Evaluating Social Programs, N.Y.: Seminal Press, pp. 11-49.

80. Rossi, P. H. and Williams, W.(eds.), 1972, Evaluating Social Programs, N.Y.: Seminal Press.

81. Rossi, P. H. and Freeman, H. E., 1993, Evaluation: A Systematic Approach, 5th, C.A.: Sage.

82. Rutman, L., 1980, Planning Useful Evaluations, C.A.: Sage.

83. Rutman, L. and Mowbray, G., 1983, Understanding Program Evaluation, C.A.: Sage.

84. Schoenefeld, J. and Jordan, A., 2017, "Governing Policy Evaluation? Towards a New Typology", Evaluation, Vol. 23, No. 3, pp. 274-293.

85. Schwandt, T. A., 1997, Qualitative Inquiry: A Dictionary of Terms, C.A.: Sage.

86. Schwandt, T. A., 1994, "Constructivist, Interpretivist Approaches to Human Inquiry", in N. K. Denzin and Y. S. Lincoln(eds.), Handbook of Qualitative Research, C.A.: Sage, pp. 118-137.

87. Scriven, M., 1973, "Goal-Free Evaluation", in E. R. House(ed.), School Evaluation, C.A.: McCutchan Publishing Corporation, pp. 319-328.

88. Scriven, M., 1973, 1983, "Evaluation Ideologies", in G. F. Madaus, et al.(eds), Evaluation Models: Viewpoints on Educational and Human Service Evaluation, Boston: Kluwer-Nijhoff Publishing, pp. 229-260.

89.Stufflebeam, D. L., 1983, "The CIPP Model for Program Evaluation", in G. F. Madaus, et al.(eds), Evaluation Models: Viewpoints on Educational and Human Service Evaluation, Boston: Kluwer-Nijhoff Publishing, pp. 117-141.

90.Sechrest, L. and Figueredo, A. J., 1993, "Program Evaluation", Ann. Rev. Psychol., Vol. 44, pp. 645-674.

91.Shulha, L. M. and Cousins, J. B., 1997, "Evaluation Use: Theory, Research, and Practice Since 1986", Evaluation Practice, Vol. 18, No. 3, pp. 195-208.

92.Stake, R. E., 1976, Evaluating Educational Programmes, OECD.

93.Stake, R. E., 1983, "Program Evaluation: Particular Responsive Evaluation", in G. F. Madaus, et al.(eds), Evaluation Models: Viewpoints on Educational and Human Service Evaluation, Boston: Kluwer-Nijhoff Publishing, pp. 287-309.

94.Stake, R. E., 1995, The Art of Case Study Research, C.A.: Sage.

95.Stecher, B. M. and Davis, W. A., 1987, How to Focus an Evaluation, C.A.: Sage.

96.Stone, D. A., 1988, Policy Paradox and Political Reason, N.Y.: Harper Collins.

97.Suchman, E. A., 1967, Evaluative Research, N.Y.: Russell Sage Foundation.

98.Torgerson, D., 1986, "Interpretive policy Inquiry: A Response to its Limitations", Policy Sciences, Vol. 19, pp. 397-405.

99.Tyler, R. W., 1983, "A Rationale for Program Evaluation", in G. F. Madaus, et al.(eds), Evaluation Models: Viewpoints on Educational and Human Service Evaluation, Boston: Kluwer-Nijhoff Publishing, pp. 67-78.

100. UK HM Treasury, 2011, The Magenta Book: Guidance for Evaluation. London, UK. Retrieved Dce 1, 2015, from https://www.gov.uk/government/uploads/system/uploads/attachment_data/file/220542/magenta_book_combined.pdf.

101. Waysman, M. and Savaya, R., 1997, "Mixed Method Evaluation: A Case Study", Evaluation, Practice, Vol. 18, No. 3, pp. 227-237.

102. Webb, E. J., Campbell, D. T., Schwartz, R. D. and Sechrest, L., 1966, Unobtrusive Measures: Nonreactive Research in the Social Sciences, Chicago: Rand Mcnally & Company.

103. Weiss, C. H., 1972, Evaluation Research, N.J.: Prentice-Hall.

104. Weimer, D. L.(ed.), 1991, Policy Analysis and Economics, Boston: Kluwer Academic Publishers.

105. World Bank, 2011, Impact Evaluation in Practice. Washington DC, World Bank. Retrieved Dce 1, 2015, from http://siteresources.worldbank.org/ EXTHDOFFICE/Resources/5485726-1295455628620/Impact_Evaluation_ in_Practice.pdf.

106. Wu Chih-Yi（吳芝儀）, 1997, A Constructivist Approach to the Study of Career Decision-Making: A Sample of Senior Undergraduate Students in Taiwan, Thesis Submitted to the Department of Community Studies, University of Reading.

國家圖書館出版品預行編目資料

解讀政策評估：領導者的決策心法／江明
修，曾冠球著. －－初版. －－臺北市：五南，
2020.02
　面；　公分
ISBN 978-957-763-172-5（平裝）

1.公共政策　2.研究方法

572.901　　　　　　　　　　107020093

1PZC

解讀政策評估：
領導者的決策心法

作　　　者 ― 江明修（45）、曾冠球

發 行 人 ― 楊榮川

總 經 理 ― 楊士清

總 編 輯 ― 楊秀麗

副總編輯 ― 劉靜芬

責任編輯 ― 黃郁婷、王者香、黃麗玟

封面設計 ― 王麗娟

出 版 者 ― 五南圖書出版股份有限公司

地　　　址：106台北市大安區和平東路二段339號4樓

電　　　話：(02)2705-5066　　傳　　真：(02)2706-6100

網　　　址：http://www.wunan.com.tw

電子郵件：wunan@wunan.com.tw

劃撥帳號：01068953

戶　　　名：五南圖書出版股份有限公司

法律顧問　林勝安律師事務所　林勝安律師

出版日期　2020年2月初版一刷

定　　　價　新臺幣350元